やるっきゃない! 俺たち県庁防災対策部

前三重県防災対策部長
稲垣　司

東日本大震災の爪痕

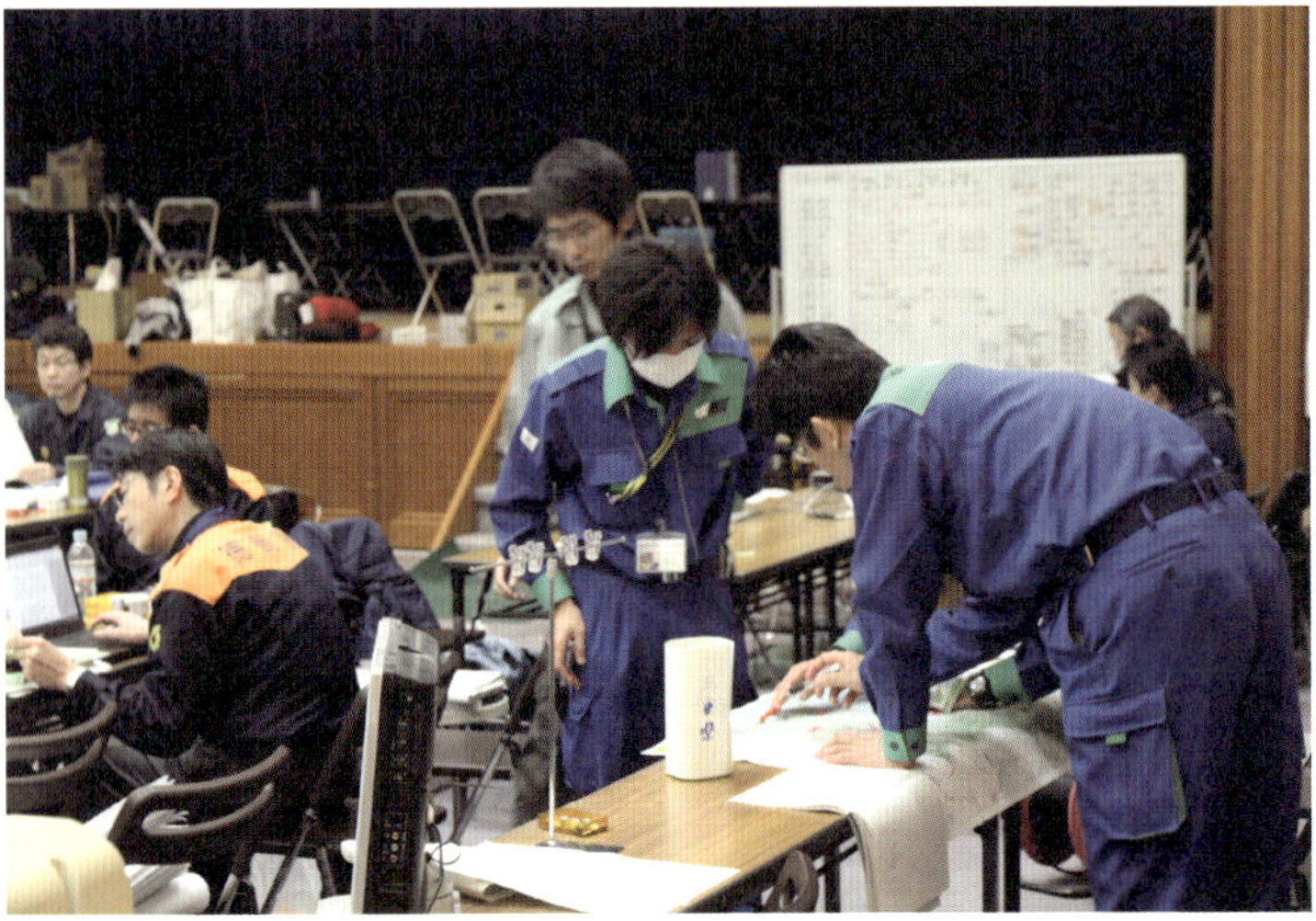

宮城県災害対策本部で支援活動をする三重県職員

紀伊半島大水害の爪痕

紀伊半島大災害の被災地で救助活動を行う、三重県防災航空隊の職員

三重県災害対策本部・本部員会議の様子

三重県総合防災訓練(図上訓練)の一コマ

三重県・鳥羽市総合防災訓練における避難訓練の様子

三重県・鳥羽市総合防災訓練における避難所運営訓練の様子

三重県・熊野市・御浜町・紀宝町総合防災訓練において七里御浜海岸に上陸する海上自衛隊のLCAC（エア・クッション型揚陸艇）

緊急消防援助隊中部ブロック合同訓練・三重県総合防災訓練における救助訓練の様子

みえ防災コーディネーター育成講座で講義をする著者

みえ風水害対策の日シンポジウムでパネリストとして語る著者

「東日本大震災5年 復興・交流イベント 若い力がつなぐメッセージ」で歌う宮城県多賀城高等学校合唱部の生徒たち

「東日本大震災5年 復興・交流イベント 若い力がつなぐメッセージ」で歌う伊勢市立五十鈴中学校合唱部の生徒たち

目次

はじめに

沖合で海が膨らみ始めた。

そして瞬く間に海岸に迫ると、海は獰猛な狼の姿に形を変えて陸地に這い上がり、鋭い牙で街を破壊していった…。


平成二十三年三月十一日。

東日本大震災、発生。

私は三重県伊勢県民センター所長室のテレビ画面を通して、信じられないものを見る思いでその光景を見つめていました。

その日は私たち三重県職員の人事異動の内示の日。だが、伊勢・三河湾と三重県南部地域に「津波注意報」「津波警報」が発表されたため、内示は翌日に持ち越しとなりました。

当時の私は、三重県を九つの地域に分けた一つ、伊勢志摩地域の地域機関の長だったため、その日は災害対策本部の地方部長として伊勢県民センターに泊まり込むことになりました。

一夜明けた三月十二日の土曜日、異動の内示を告げる電話が鳴り、電話の向こう側の声が私に告げました。

「防災危機管理部（現在の防災対策部）へ」

はぁ？　冗談だろ？

これが当時の私の率直な感想でした。

それから五年。平成二十八年三月三十一日の定年退職のその日まで、私は三重県の防災・減災対策にどっぷりと足どころか身体中を浸けることになりました。平成二十三年度は防災危機管理部の副部長として。平成二十四年度から二十七年度までの四年間は組織を改めた防災対策部の部長として。

東日本大震災以来、日本の防災・減災対策の姿形が一変する中で、私たちの職場は多忙を極めました。

東北の被災地支援に始まり、三重県の各種防災計画の抜本的見直しや現実の災害対応など。そして最後の年は「伊勢志摩サミット」。サミットに向けた防災・危機対策が業務として加わりました。

これらの業務を私たちは部長以下六十名足らずの職員（地域機関の消防学校を除く）でさばいてきました。しかし本当のところはそんな少人数ではとてもさばき切れる仕事量ではなかったため、市町消防本部や民間企業等からの派遣職員や嘱託員のみなさんの力を借りて本庁約百名の体制でどうにか持ち堪えてきた、というのが実態でした。それでも、職員一人当たりの時間外勤務時間数は三重県庁に九つある部の中でダントツ一位の四百二十八時間。他の八つの部は少ないところで百十五時間、多い部でも二百七十二時間ですから、間違いなしのダントツです（平成二十六年度）。

私はこの「はじめに」で本書の趣旨や構成について述べるつもりですが、その前に、三重県庁防災対策部の成り立ちというか、特徴について少し触れておきたいと思います。

平成二十三年四月二十一日、鈴木英敬さんが「日本一若い知事（就任当時三十六歳）」として公選第六人目の三重県知事に就任しました。鈴木さんは「防災知事」を自認し、就任するや「防災対策」を三重県政の「一丁目一番地」に掲げて始動しました。就任一年後には大幅な組織改正を断行して「防災危機管理部」は「防災対策部」へと衣替えになりました。その結果、部の名称から「危機管理」の文字は消えましたが、危機管理面が弱体化したわけではなくむしろ強化され、防災対策部に危機管理課が置かれるとともに副知事級の危機管理統括監という職が創設されました。そして誰もが驚いたのは、防災対策部を県庁の建制順（部局の並び順）のトップに据えたことでした。都道府県庁では建制順のトップに総務部門か企画部門の部を置くのが通例ですから、これは画期的な改革であり、防災・減災対策への知事の力の入れようを象徴するものだったと思います。

ともあれ、この五年間、私たちがいかに過酷な状況にあったか、多少は想像していただくことができたでしょうか。

私は職員によく言いました。

「絆と夢。この二つを忘れるな。誰もが忙しいからこそみんなで助け合おう。そしてどんなに苦しくても夢をもって仕事をしよう。夢を達成したときには、この仕事は俺がやったと大いに自慢しよう」

私たちは熱い心で、がむしゃらにパワフルに走り続けてきました。

振り返れば、みんな、本当によくやったと思います。そして私自身を顧みたとき、口幅ったいことを言うようですが、東日本大震災から伊勢志摩サミットまで、防災に関わる行政マンでこれほどの激動の中に、しかもそのリーダー役として長く身を置いていた者は他にいないのではないかと思います。

そう考えたとき、この激動の時期を走り続けた「俺たち県庁防災対策部」の、そして私自身のこの五年間の軌跡を私はどうしても書き残しておきたくなりました。

私たちは質量ともに豊富で濃密な仕事をしたと思います。そして、三重県の未来につながるしっかりとしたレールを敷くことができたと自信を持って言うことができます。その一方で、あれもやっておきたかった、これもやりたかった、との思いもあります。けれど、それはあとに続く後輩たちに任せればよいと思っています。そのためのレールはすでに敷いたわけですから。

その意味において本書が、後輩たちに限らず様々な立場の人たち（防災に関心のある人はもとより、防災に関心のない人はなおさら）への一つの道標になればよいと、物書きのプロでもない私が贅沢なことを思いつきました。

構成はテーマ別に、また、三重県庁以外の行政マンの方にも参考になればと、時間の経過に沿ってできるだけ臨場感を持って五年間の私たちの仕事ぶりを書き綴ることにしました。そのため、あえて職員の名前も出しています。とはいえ、どうしても私自身を中心とした記述とならざるを得なかったことはご容赦願いたいと思います。

そしてもちろん、防災対策部の主要な取組は全て網羅しました。

「三重県新地震・津波対策行動計画」「三重県新風水害対策行動計画」「三重県復興指針」は防災対策部だけでなく三重県にとっての自信作のつもりですが、本書はそのポータルサイト（窓口）的な役割も果たしています。これも行政マンか否かに関わらず、全ての読者のみなさんの参考にしていただけるのではないかと思います。

また、「リーダー像」や「災害時要援護者（特に障がい者の方）対策」についての私の考え方も興味深く読んでいただけると思いますし、「家庭の防災・減災対策」の項では私なりの防災啓発も行っており、この辺りも多少はみなさんのお役に立てるのではないでしょうか。

さらにいえば、「伊勢志摩サミット」のところの記述は、将来また日本でサミットが開催されることになったとき（ずいぶん先の話ですが）、そのときの開催地自治体の職員の方の参考になるかもしれません。

というわけで、不器用な私ですが、学者の方が書くのとは一味違う、行政マンならではの一風変わった防災の本ができたのではないか、と思っています。

どうか、楽しんで読んでみてください。

なお、本書には「俺たち県庁防災対策部」の職員の他にいろんな立場の方が実名で登場します。その際の肩書は全て当時のものであることをお断りしておきます。

第1章

行くっきゃない！

～被災地支援～

1　東日本大震災支援本部の設置

「東日本大震災」とは、平成二十三年三月十一日午後二時四十六分に宮城県牡鹿半島の東南東沖百三十キロメートルの海底を震源として発生し、のちに「東北地方太平洋沖地震」と命名された大地震と、それに伴う津波や余震、これら一連の自然現象によって引き起こされた大規模災害のことをいいます。

三重県では、地震発生三日後の三月十四日、防災対策部の前身である防災危機管理部内に被災地を支援するための支援本部を立ち上げました。しかし、その時点ではまだ、前述した災害名は存在しなかったため、本部名は地震名を冠にして「三重県東北地方太平洋沖地震支援本部」としていました。

その後、四月一日に政府が持ち回り閣議で「東日本大震災」の呼称を了承したことを受けて、我が支援本部も「三重県東日本大震災支援本部」を名乗ることになりました。

私が副部長として防災危機管理部に赴任したのは暦の上ではその四月一日。ところが実際は、副部長の役職が支援本部の幹事会責任者（幹事長）に充てられており、前任の副部長からも「一日でも早い着任」を望まれていたこともあって、私は伊勢県民センターの業務を切り上げ、三月二十九日に着任しました。

そしてこの日が、その後の私の激動の日々の始まりとなったのです。

災害時の支援というのは経済的支援を除けば概ね、被災地への人的支援、物的支援、そして被災地からの避難者受入れ、に大別されます。

三重県は人的支援としてまず、発災当日から①緊急消防援助隊②広域緊急援助隊③ＤＭＡＴ（ディーマット＝災害派遣医療チーム）を被災地へ派遣することになりました。

この「緊急消防援助隊」が日本に誕生したきっかけについて少し触れておくと、それは、平成七年一月十七日の「阪神・淡路大震災」でした。災害の規模があまりに大きく、応急活動を実施するにも兵庫県内の消防力だけでは対応しきれなかったため、全国の消防本部が応援に駆け付けることとなったのですが、当時はまだ応援部隊の活動に関する規定などが未整備で、指揮統制や運用面に多くの混乱を生じました。その反省をふまえて誕生したのが「緊急消防援助隊」だったのです。

援助隊の登録は各消防本部単位で行われ、平成二十八年四月一日現在、全国で五千三百一隊、三重県で九十三隊が登録されています。そして、いざ大災害発生となれば、被災地または消防庁からの応援要請により各隊は都道府県隊として一つにまとまって被災地へ向かい、その後は現地消防本部の指揮下に入って活動することになります。

三月十一日午後八時五十分、緊急消防援助隊三重県隊百十名は千葉県市原市の市原製油所の火災現場で防御活動を行ったのち、十三日には宮城県に向け再出発して支援活動を続けました。

一方、緊急消防援助隊にはこうした陸上部隊のほかに航空部隊も存在します。しかも、市町の消防職員で編成される陸上部隊と異なり、当時東北地方で緊急消防援助隊（航空部隊）として活躍した三重県防災航空隊は、何を隠そう「俺たち県庁防災対策部」の職員なのです。

三重県防災対策部災害対策課には、災害対策班、防災訓練班、防災航空班の三つの班があり、このうち防災航空班の別名が防災航空隊です。隊は行政職（いわゆる「事務屋」）の班長のもと九人の技師で編成され、この九人の技師というのが「はじめに」でも述べた市町からの派遣職員なのです。つまり、彼らは市町消防本部の消防職員には違いありませんが、数ある消防職員の中から選抜されて三年間三重県に派遣されている、れっきとした防災対策部の一員なのです。

彼らはパイロットではありません。三重県の場合、パイロットや整備士の業務は中日本航空株式会社という民間会社に委ねています。では九人の隊員はどんな活動をするのかというと、ヘリコプター（ヘリ）に乗り込み、上空からロープを使って救援物資を降ろしたり要救助者を吊り上げて病院等へ搬送したり、我が身の危険を顧みずに救助活動を行うのです。

彼らのそうした活動は災害時だけではありません。平常時も彼らは毎日のように空を飛んでいます。三重県には御在所岳（標高千二百十二メートル）や大杉谷の日出ヶ岳（標高千六百九十五メートル）といった背の高い山があって山岳事故が絶えません。伊勢湾や熊野灘にも面しているため海難事故も発生します。その際の捜索活動や救助活動も彼らの仕事です。救急車で間に合わないときはドクターヘリのように救急患者の搬送も行いますし、山林火災のときには大量の水を溜めた巨大バケットをヘリに装着して消火活動に飛んでいきます。

でも、読者のみなさんの多くは、自衛隊のヘリや海上保安庁のヘリは知っていても、三重県もヘリを保有していて、それに職員が乗り込んで日々救助活動等を行っているという事実はご存じないのではないでしょうか。

そこでこれを機に、防災対策部にはそんな男たちがいることをぜひ記憶に留めておいていただきたいと思います。

さて、平成二十三年三月十一日の午後三時五十二分に時間を戻しましょう。

消防庁より三重県防災航空隊に出動要請が入りました。しかし日没時間を考慮すると、ただちに出発するのは危険です。明朝出動する決心をして、翌十二日午前八時八分、彼らは花巻空港に向けて伊勢湾へリポートを飛び立ちました。そしてその日のうちに、宮古市内の中学校で孤立していた要救助者三名を花巻空港へ搬送すると、翌十三日には、陸前高田市内で孤立者二名を救助したのでした。

一方、「広域緊急援助隊」も「阪神・淡路大震災」をきっかけに生まれた都道府県警察による広域部隊です。この部隊も、三月十一日、警備部隊二十五名、交通部隊二十名の計四十五名が宮城県に向けて出発しました。

最後に、「ＤＭＡＴ」というのは、医師、看護士、救急救命士やコメディカルなどの業務調整員などで編成された医療チームのことで、日本初の東京ＤＭＡＴは平成十六年に発足しました。そして三重県のＤＭＡＴは、三月十一日、厚生労働省を通じて宮城県及び福島県から派遣要請があったのを受け、松阪市民病院から仙台医療センターへ、三重大学医学部附属病院と市立四日市病院から筑波メディカルセンターへ、三重県立総合医療センターから福島空港ＳＣＵ（広域搬送拠点臨時医療施設）へ、それぞれ派遣されて活躍しています。

彼らの救助活動を皮切りに、その後も三重県から多くの職員が被災地へ派遣されることになりました。

全国知事会が「今後は救助要員だけでなく、臨床心理士、スクールカウンセラー、養護職員や水道・道路・河川等の復旧のための技術職さらには事務職などの一般行政職についても派遣をお願いすることになるので対応をよろしく」と各都道府県に要請文を流したのは、発災から二、三日後のことだったと思います。実際、被災地の市町村では、市役所等の庁舎が甚大な被害を被っただけでなく、多くの職員の命が奪われてしまったため、行政機能がほとんど麻痺状態だったのです。

こうして全国の自治体から一斉に技術職・事務職などの一般職員の派遣が開始されることになりました。

三重県は、全国知事会による調整の結果、原則として宮城県を支援することとなり、私たちは宮城県の災害対策本部に三名程度の「現地支援調整要員」を交代で常駐させて現地のニーズ把握に努めることにしました。

ところがこのニーズ把握というのが、支援する側にとっても支援を受ける側にとってもなかなか容易ではなく、なかでも当初、物資に関するニーズ把握についてはかなり難航しました（もちろん難航したことは他にも数え切れないほどありましたが…）。

まず支援を受ける側の被災地では、通信が途絶して避難所と十分な連絡が取れないため、そもそもどこの避難所にどれだけの避難者がいて、彼らが一体何を求めているのかが皆目わからず、ニーズ把握以前の状態だったのです。一方、支援する側の都道府県からは現地のニーズに関わりなく続々と物資が届けられます。三重県からも、まず毛布やアルファ化米など県と市町の備蓄物資を送ったのに続き、三月十八日には防災対策部（当時は防災危機管理部）に「救援物資対応窓口」を設置して、県内二十九の市町を通じて県民のみなさんから集められた飲料水・粉ミルク・おむつ・トイレットペーパーといった物資の配送を開始しました。

ところが、被災地にはこれらを避難所に配送するための車両が津波に流されてしまってありません。車両が残っていても十分なガソリンが確保できません。ガソリンを確保していざ走ろうと思っても道路が寸断されていて通行できません。というわけで、避難者の手元に届くより速いペースで全国から大量の物資が被災地に届けられることになりました。このため、被災地から早い段階で「食料品以外の支援物

平成23年3月14日に立ち上げた「三重県東北地方太平洋沖地震支援本部」の本部員会議（本部名はのちに「三重県東日本大震災支援本部」に改称）

資についても一時停止してほしい」旨の要請が全国に発信されることになったのです。これは、善意の支援物資が集積拠点に山積みされて無駄に放置されることのないよう、その一方で避難者の命を救うための食料は確実に避難者の手元に届けられるよう、被災県・市町村の職員のみなさんが下した賢明な判断でした。そしてこの要請を受けて、三重県は四月三日、市町を通じた県民からの物資の受入れを一時停止することにしたのです。

しかし、被災地のこうした事情は県民のみなさんにはなかなかうまく伝わりません。その後もしばらくの間は「これを被災地に届けてほしい」といろんな物資を支援本部に持参される方が絶えませんでした。お断りするのが辛い場面も多々ありました。中には「人の善意を無にするのか」と怒り出す方もみえました。それに対して、当時の職員がひたすら謝りながら真摯に対応していた姿を私は今も鮮明に思い出すことができます。

あの頃私たちは文字どおり眠る時間も惜しんで働いていました。第2章以下で詳しく述べますが、私たちには、三重県の防災・減災対策という膨大な量の本来業務の上に、被災地支援というこれまた途方もない業務がいきなりドンと加わったのです。それだけに、今思い出しても、自分自身の健康や家庭生活を半ば度外視して損得抜きで働いてくれた職員たちを、あらためて手放しでほめてやりたい気持ちになるのです。

さて、先に災害時の支援の形の三つ目として「避難者の受入れ」を挙げましたが、これについては「第６章　つなげるっきゃない！」で述べることにして、次に、私自身が被災地の現場を訪れたときの話をしたいと思います。

2　被災地訪問

私が東日本大震災の発生後に初めて宮城県に足を踏み入れたのは、発災後約一か月が過ぎた四月十六日のことでした。同行者は福本智一防災対策室長。中部国際空港から飛行機に乗り山形空港に降り立ちました。「宮城県を訪問するのになぜ山形空港？」と不思議に思われた方もあるかもしれませんが、それは言うまでもなく、仙台空港が、押し寄せた津波により壊滅してしまっていたからです。三月十一日のあの日、空港は無数の車や飛行機が漂う海原に変貌していたのでした。

山形空港からバスで仙台駅をめざし、現地支援調整要員として三日前から現地入りしていた危機管理総務室の川邉正樹企画員らと合流してレンタカーで宮城県庁へと向かいました。

県庁講堂に設置された災害対策本部の調整本部を訪ねると、宮城県職員はじめ自衛隊・海上保安庁・消防本部・警察本部など各機関から集まった面々が緊迫した面持ちで侃侃諤諤の議論中です。そんな張り詰めた空気の中、宮城県総務部危機対策課の小松宏行危機対策企画専門官が丁寧に対応してくれました。

そして、小松専門官はいきなりこう切り出したのです。「私たちは学んでいたはずでした」と。

八六九年（貞観十一年）、宮城県から福島県にかけて広がる太平洋沖で巨大地震が発生した、との記録が残っています。いわゆる「貞観地震」です。推定震源域は東北地方太平洋沖地震の震源域と類似し、仙台平野の津波浸水域ともほぼ重なっています。ところが宮城県のハザードマップが示していた想定浸水域は、貞観地震のそれより狭い範囲だったのです。

想定はあくまで「想定」ですから、宮城県のハザードマップが間違っていたわけではありません。しかし過去に経験している以上、県としては最悪の事態を想定した備えが必要だった、ということを小松専門官は反省を込めて言っていたのです。

この言葉は私たちにとってとても重い教訓となりました。

そしてもう一つ、その後の私たちに決定的な影響を与えることとなった出来事についてお話することにします。

私は宮城県を訪問する前夜、先発した川邉企画員から一本の電話を受け取っていました。

「稲垣副部長、明日は心してこちらに来てくださいね。おそらく副部長の人生観が変わると思いますよ」

大仰なことを言う奴だ、と高をくくっていた私でしたが、翌日から市街地の視察に出かけ、塩竈市、石巻市、女川町と北上していくにつれ、彼が言ったとおり、私の人生観は徐々に変わっていきました。荒廃した街の風景が私の想像を遥かに超えていたからです。

とりわけ女川町役場の庁舎前に立ったとき目にした光景と胸に抱いた思いは、私の中から終生消え去ることはないだろうと思います。

四月十七日、女川町に入りました。街は残酷なまでに破壊され尽くしていました。家々は津波により根こそぎ剥ぎ取られ、頑丈そうなビルも横倒しになっています。

私は戦後の焼け野原の光景を実際に見たことはもちろんありませんが、正にこのような光景だったのではないかと胸の中で呟きながら街を歩きました。

高台にある女川町立病院は一階部分が津波に浚われて壊滅状態となっていました。病院の横では仮設トイレの脇で一人の女性が洗濯をしています。私たちがそばを通り過ぎようとしたとき、その女性が私たちに「ご苦労様です」と声をかけてくれました。

私と福本室長と林裕記技術員の三名は一目でそれとわかる防災服を身に付けていました。だから、彼女は私たちのことを県外から被災地支援のためにやって来た者とすぐにわかったのでしょう。

ただ私は「ご苦労様です」と言われたことがとても辛くてなりませんでした。

「私たちは何もしていません。ただこうして歩いているだけです。辛い思いをしているのはあなたたちです。ご苦労様と言わなければならないのは私たちの方です。何もできなくてごめんなさい」

そんなことを口にすれば涙声になりそうな気がしたので、私は黙って頭を下げて通り過ぎるだけでした。

私たちは被災地支援に必要な現地調整のために東北に来ていたのであって、決して物見遊山に来ていたわけではありません。だから、ご苦労様と言われてきまり悪

東日本大震災により破壊された被災地の光景

宮城県の県庁講堂に設置された災害対策本部

いはずもなければ、辛く思う必要もなかったはずです。とはいえ、彼女に声をかけられたそのときは、ただ女川の街を歩きながら被害状況を視察していたにすぎませんでした。「私たちは何もしていない」と、このとき抱いた無力感は、震災時に要救助者を助けたくても助けられなかった人々の感情に近いものだったかもしれない、と言ったら、救助に尽力された人々に怒られてしまうでしょうか。

岩手県に大槌町という街があります。ここは、作家井上ひさし氏の「吉里吉里人」に登場する吉里吉里国のモデルとなった街ですが、東日本大震災では死者八百五十四名、行方不明者四百二十三名の尊い犠牲を出すこととなってしまいました。大槌町消防団の犠牲者も死者十一名、行方不明者五名を数えています（平成二十八年三月三十一日現在）。その大槌町消防団第二分団の第一部長を務める鈴木亭さんは、震災の教訓を後世に伝えるため全国各地で講演を続けています。実は、平成二十七年三月二十一日の三重県消防大会でもお話いただきました。その講演の中で鈴木さんはこのように話しています。

「正直、直後は何もできませんでした。消防の服を脱いで逃げたくなりました」

鈴木さんは「津波が来ないと思い込んで逃げずに亡くなった人がいたこと、命をかけて活動を続けた消防団員がいたことを知ってほしい」との思いから講演活動を続けているといいます。

多少意味合いが異なるのかもしれませんが、女川町で私が抱いた無力感は、あとから思えば、このとき制服を脱ぎたくなった鈴木さんの思いに近いものだったように思えてならないのです。

そんな感情を抱きながら私たちが次に向かったのは、女川町役場でした。「役場」といっても、役場の庁舎は鉄骨剥き出しの廃墟そのものです。

ふと見上げると、庁舎の屋上には日の丸の旗が半旗となって風にたなびいています。多くの犠牲者を悼むためのものなのでしょう。視線を下げて玄関と思しき方へ目を移すと、その手前の地面にも一本の旗が突き刺してあるのがわかりました。おそらくそれは、女川町の町旗だったと思います。それを見た瞬間、女川町立病院で女性に声をかけられたときには泣きそうになってもこらえることができた涙が、不覚にも私の目から零れ落ちてしまいました。同行の二人も泣いているようでした。

旗は私たちに訴えていました。大勢の犠牲者を出したことの悲しさと悔しさを。そしてそれ以上に、私には「何が何でも復興してやるぞ」という女川町役場の職員たちの強い決意の声が聞こえてくるような気がしたのです。

私たち三人はしばらくの間何も言わずにその場に立ち尽くしているだけでした。

そのとき私は誓いました。

無力だなどと嘆いている場合ではない。できる限りの支援をするのだ、と。

それと同時に、この東日本大震災の教訓を三重県の防災・減災対策に必ず活かさなければならない、と。

しかし、「東日本大震災の教訓」と口にするのは簡単ですが、私には大勢の死を教訓とすることへのためらいがありました。それはあたかも他人の死を踏み台にして自分たちが生きようとする行為のように思えたからです。でも、そのように考えること自体が間違いであるとすぐに私は気づきました。東日本大震災の悲劇を目の当たりにしながら何もせずに手をこまねいて、南海トラフ地震に対して無策であり続け、その結果、三重県内に甚大な被害を招いてしまうことの方が遥かに罪深く、それこそが死者への冒涜である、と私は思い直しました。

冒涜といえば、実は私たちは女川町の街中を視察する際にカメラを携行していたのですが、私は同行の職員に「写真は撮るな」と命じていました。視察ですから撮るのが本来ですが、私にはどうしてもその行為が正に死者を冒涜するように思われてならなかったのです。だから、私たちの手元には女川町の写真は一枚も残っていません。

平成27年3月21日の三重県消防大会で講演する大槌町消防団第二分団第一部長の鈴木亨さん

余談ですが、私はこのエピソードを、平成二十八年三月五日に三重県津市で開催した「東日本大震災五年　復興・交流イベント　若い力がつなぐメッセージ」のパネルディスカッションの中でパネリストの一人として語りました。イベントには宮城県多賀城高等学校合唱部のみなさんをゲストに招いており、この「写真を撮らなかった」というエピソードを聞いた生徒の一人があとになって、「あの話を聞いてとても嬉しかった」と周囲に洩らしていたということを知りました。訳もなくホッとした気持ちになりました。

少し脱線しましたので話を戻します。

この女川町役場の前で結んだ固い誓いが、その後五年間の「俺たち県庁防災対策部」の原点となりました。これから述べる「三重県新地震・津波対策行動計画」から「三重県復興指針」に至る数々の計画の策定や「MYまっぷラン」「みえ防災・減災センター」「ちから・いのち・きずなプロジェクト」などの実践的取組、そして「広域防災拠点」の整備をはじめ三重県の災害対策本部活動体制の再構築など、様々な事業の始まりが、「行くっきゃない！」と言って訪れたこの女川町にあったと言っても過言ではないのです。

3　派遣職員の声

前項において「女川町が三重県の防災・減災対策の原点」と述べましたが、同時にそれは被災地支援の原点でもありました。

三重県では、平成二十三年三月十四日に立ち上げた「三重県東日本大震災支援本部」の本部員会議を現在も三か月に一回のペースで開催しています。目的は主に二つです。一つは、支援に関する各部局の情報共有のため。もう一つは、被災地へ派遣されている県職員からの報告の場とするためです。

村井嘉浩宮城県知事はよく「忘れないでほしい」と口にされます。そのとおりだと思います。東北を忘れないことが被災地への最大の支援になるのだと思います。そのためには、三重県庁の全ての部局長が派遣職員の生の声を聞き続けることが重要であると私は考えました。そこで、本部員会議を派遣職員の報告の場とすることにしたのです。

本部員会議では、毎回二名程度の職員から、被災地における自分自身の業務体験とそこから得られた気づきなどを報告してもらうことにしています。

これまであった報告の中から二つだけを簡単に紹介しておきたいと思います。

一人目は、平成二十四年四月から翌年三月までの一年間、宮城県東部土木事務所に派遣されていた座安謙治さんです。座安さんは、東松島市を流れる定川の復旧事業や河川・海岸の災害復旧事業にかかる用地取得・補償業務に携わりました。気づきという点では、わずか一年間で状況が大きく変化してしまうことなどを挙げる一方、用地取得業務に携わったことから権利者を確定することの大変さを痛感して、次のように語ってくれています。

「地籍調査・国土調査について宮城県では、進捗率が八割を超えていたこともあり、境界立ち会いをスムーズに進めることができました。三重県の進捗率は一割程度であるため、同様の被害が起これば、復旧に時間がかかることは容易に想像がつきます」

二人目は、平成二十五年四月から平成二十七年三月までの二年間、宮城県気仙沼地方振興事務所農林振興部に派遣されていた水上知之さんです。水上さんは南三陸町の防潮堤の嵩上げや再整備、防災林造成などに携わりました。その際、地元住民や役場との信頼関係を構築するために可能な限り現場へ足を運び、電話で用件をすませるのではなく対話を重視したといいます。そのおかげで次第に、取りに行かなくても情報を得られるようになり、地元の漁業者の方からは「おまえは俺たちの言うことを聞いてくれるから出世する」とほめられるようになったとのことでした。

また、一人目の座安さんも、ある地権者の方から言われたようです。「あなただけじゃなく、顔も名前も知らない復旧・復興を応援してくれる人たちは全員、俺たちにとって、名も無き英雄だよ。本当にありがたい」と。

派遣職員たちは本当に頑張ってくれています。

こうした一般職員の派遣は今も続いており、三重県からはこれまでに延べ六百一名の県職員（警察官を除く）と七百五十五名の市町職員（消防職員を除く）が派遣されています（平成二十八年三月三十一日現在）。

これら様々な支援も、今後はどのような形で続けていけばいいのでしょうか。それについては、「避難者の受入れ」と合わせて「第6章　つなげるっきゃない！」で述べることにします。

さて、被災地への支援についてはひとまず置くとして、第2章からは、この五年間の三重県の防災・減災対策の歩みについて、私の目線で述べていきたいと思います。

第2章

備えるっきゃない！　逃げるっきゃない！
～地震・津波対策～

1　三重県緊急地震対策行動計画の策定

平成二十三年四月二十七日、国の中央防災会議は東日本大震災を教訓として、これまでの地震・津波対策を抜本的に見直すため「東北地方太平洋沖地震を教訓とした地震・津波対策に関する専門調査会」を設置しました。

北海道から東北沖の太平洋を震源とする地震について当時の日本は、最大マグニチュード8・2～8・5の明治三陸地震と同じタイプの地震を想定して対策を進めていました。ところが、東日本大震災ではマグニチュード9・0の地震が発生し、死者・行方不明者の数も想定の二千七百人を大きく上回る一万八千人余となってしまったのです。この結果、「想定外」という言葉が全国を飛び交うようになりました。そして、日本の防災・減災対策は根底からの見直しを迫られることになったのです。

このことは三重県においても決して例外ではありませんでした。

三重県では、平成十四年度に「三重地震対策アクションプログラム（平成十四～十八年度）」、平成十九年度に「第二次三重地震対策アクションプログラム（平成十九

〜二十二年度）」を策定していました。その間の平成十七年三月にはマグニチュード８・７の地震を前提にした「地震被害想定調査結果」を公表しており、東日本大震災発生当時は、平成二十三年度から四年間の「第三次三重地震対策アクションプログラム」をとりまとめている最中だったのです。策定作業が遅れ、最終案の一歩手前まで来たところで震災発生、となったのでした。

私たちは悩みました。震災前からプログラム作りに取り組んできた小林修博地震対策室長は悔しかっただろうと思います。しかし、少なくともこのまま第三次アクションプログラムを作り続けることは考えられません。だからといって、策定作業を中断して、国が今後新たに示すであろう地震被害想定調査の結果を待つというのでは、その間、三重県の地震対策に空白ができることになります。しかも、国の地震被害想定調査結果はそう簡単には出ないだろうというのが私たちの予想でした（案の定、国の公表は当初の予定からかなり遅れることになりました）。

私たちは東日本大震災の教訓をふまえ、津波浸水予測区域における避難所配置の検証や津波避難体制についての検討を急ぐ必要性を感じていました。そこで私たちは「想定外」という言葉を二度と使わないためにも、また宮城県の小松危機対策企画専門官が言ったように、あとになって「学んでいたはずだった」と後悔しないためにも、当時の三重県の津波浸水予測図では十分反映できていない規模の津波に対応するため、東日本大震災と同規模程度の地震（マグニチュード9・0）を想定した三重県独自の津波浸水予測調査を実施することにしました。この調査結果をもとに、市町に津波避難体制の整備を急いでもらうよう働きかけたいと考えたのです。ここで読者のみなさんにきちんとお伝えしておきたいのは、私たちが独自に実施したのは津波浸水予測調査だけ、つまり、どの辺りまで浸水するだろうかという予測だけだということです。死傷者数や倒壊家屋数などを含めた総合的な地震被害想定調査はさすがにその後の国の動向を待つより仕方がありませんでした。

私たちはこの津波浸水予測調査を名古屋大学大学院工学研究科の川崎浩司准教授に依頼して実施しました。この結果できあがった予測図を私たちは勝手に「川崎モデル」と呼んでいます。

調査を実施する旨を公表したとき、ある方から「いずれ国が被害想定調査の一環として津波浸水予測調査結果を公表すると思うが、その時点で三重県は再度津波浸水予測調査を実施することになるのではないか。だとしたら、その時点での調査結果と今回の結果との整合性をどのように説明するつもりか」と質問されました。

この質問はかなり的を射た良い質問だと思います。私たち自身もこの点については議論し、実施すべきか否かについて自問自答していたのです。

やや小難しい話になるかもしれませんが、少しばかり解説します。

このとき私たちが実施しようとしていた津波浸水予測調査（川崎モデル）は当時の国の震源モデルをベースにしています。震源モデルというのは、例えば、現在の地球の構造上発生しうる最大規模の地震を引き起こすような震源はどのような広がりを持ち、どのような方向にどの程度断層がずれるものなのかという、いわば震源の姿形を科学者のみなさんが研究して描きます。その描かれた姿形が震源モデルです。地震被害想定予測とは、そのモデルをもとに当該地域の地形データ等を加味しながら、この高さの土地では津波はどの辺りまで浸水する、この地盤ならどの程度の揺れが生じ、したがって死傷者は何人ぐらいになる、ということを科学的に予測するのです。

この当時、国にはまだ見直し前の旧い震源モデルしかありませんでしたから、私たちはそれをベースに、断層の滑りがもう少し大きくなればマグニチュード9・0クラスになる、そのときの津波浸水域はこのようになる、といった想像図を様々なパターンを検討して描き出そうとしていたのです。

だから、このときの津波浸水予測調査はあくまで暫定的なものです。国が統一的な新たな震源モデルを示し、それをもとに各県が独自に地震被害想定調査を実施するのが本来の姿だと思います。現にこの当時も、各県は国の調査結果を待ってそれぞれの被害想定調査を実施しました。三重県も本格的な地震被害想定調査は国の調査結果を待って実施したのです。前述のとおり、三重県も前述しましたが、私たちの悩みは、国の調査結果を指をくわえて待っているだけでは何もできないという、その一点にありました。そして苦渋の決断により、県内各地の一刻も早い津波避難体制整備のため、津波浸水予測調査だけは三重県独自のものを先行して実施することにしたのです。

もちろん、新たな国の震源モデルをベースに再度津波浸水予測調査を実施すれば、今回の結果との間に差異が生じるのはわかっていました。そのことについて、先の質問に私たちは次のような回答を返しています。

「想定はあくまで想定であり、唯一絶対というものはありません。その意味ではどちらの調査結果も正解です。ただし両者の違いに対しては、浸水域の大きい方を前提に津波避難対策をとっていただきたいと思います。最悪のケースを想定して万全の対策を講じるべきと考えるからです。しかし異なる調査結果といっても、それほど大きな差異は生じないと考えています」

一方、この津波浸水予測調査と並行して私たちは「三重県緊急地震対策行動計画」

の策定作業に取りかかっていました。「第三次三重地震対策アクションプログラム」は完全に捨てていました。

「生きるために備えよ!!」

「生きるために逃げろ!!」

計画の表紙にはこの言葉を掲げることに決めました。序文には鈴木英敬三重県知事の名でこう記述しました。


生きるために備えてください。いざ発災した時に、どこにどうやって逃げるのか、家族と確認してください。地域や会社の仲間と確認してください。逃げるために助けを必要とする方々と確認してください。

生きるために逃げてください。想定や過去の経験を過信することなく、最後まで妥協せず、より早く、より高くに避難してください。


ところがこの冊子を公表したとき、部外の県職員からこんなクレームを受けました。「このキャッチコピーはまずいんじゃないか。備えよ、逃げろと、まるで県民のみなさんに上から目線でモノを言っているようじゃないか」というのです。私は「冗談を言うな」と思いながらこう答えました。「上から目線じゃないですよ。この言葉は三重県庁が三重県民のみなさんに言っているのではありません。自分自身への呼びかけ、自分自身への戒めとして県民のみなさんの心に留めてほしいという思いで書いているんです」と。

要は、自分自身の命を守るために万全の備えをして、いざとなったらひたすら逃げる。この計画は、三重県が防災・減災対策を実施するための計画というだけでなく、このことを県民のみなさんに強く訴えかけるためのもの、と私たちは考えていました。

この「三重県津波浸水予測調査結果」の速報版と「三重県緊急地震対策行動計画」を公表したのは平成二十三年十月のことです。計画冊子のページ数はわずか三十五ページ程度ですが、策定作業は困難を極めました。浸水予測調査や計画内容の検討に時間を要したのもさることながら、当時はちょうど東日本大震災被災地への支援活動の真っ最中でした。それだけでなく、策定作業大詰めの九月には追い打ちをかけるように「紀伊半島大水害」が発生したからです。

三重県の災害対策本部活動の様子は「第3章　守るっきゃない!」で詳しく述べますが、一言だけ触れておきますと、防災対策部では、台風などが襲来して警戒体制に移行した瞬間から通常業務が一部停止します。つまり、そのときの警戒要員は仕事を途中で放り出さなければならないのです。そして「紀伊半島大水害」は激甚災害に指定された大規模災害でしたから、ほぼ全員体制で警戒体制をとらなければなりませんでした。

このことが、「三重県緊急地震対策行動計画」の策定作業が困難を極めた要因の大きな一つです。しかし、そうした状況下でも小林地震対策室長はじめ真田幸浩主査ら職員は、宣言どおり（県議会等に対して私たちは早い時期から「秋に公表」と宣言していました）十月に計画を完成したのですから、よく頑張ったな、と思います。

さて、計画の中身について話します。

まず計画の目的は「発生すれば甚大な被害をもたらす最大クラスの揺れや津波を伴った地震に対応するため、県民の生命を守ることを最優先として、県民の避難を主軸に、『緊急』かつ『集中的』に取り組むべき対策を設定したもの」です。

そしてその特徴は「これまでの延長ではなく、東日本大震災を踏まえた新たな計画。待ったなしの危機感から全国に先駆けた計画。県民の皆さんと共有、ともに行動していくための計画」としています。

これは私たちが講演などで配布する資料から抜粋した記述です。

計画期間は平成二十三年度から二十四年度までの二年間とし、地震被害想定調査の実施後にあらためて中期計画を策定することとしました。
計画には次の十三個の行動項目を掲げています。

行動1　避難計画・避難訓練
行動2　避難場所（施設・設備）
行動3　避難方法
行動4　避難基準
行動5　情報提供体制
行動6　住宅の耐震化等
行動7　重要施設の耐震化
行動8　防災教育と人材の育成
行動9　避難場所（運営）
行動10　避難者支援
行動11　災害医療業務
行動12　応急体制の充実・災害対策本部の機能強化
行動13　広域応援体制

これらは、命を守るために二年間で達成する取組、二年間でその見通しを立てるべき取組などを厳選して掲げたつもりです。

例えば「行動3」では、適切な避難行動が行われるよう避難方法の検討や避難路の整備を支援することとしています。そしてこれに基づき、私たちは平成二十四年度に「津波避難に関する三重県モデル事業」を実施し報告書をとりまとめました。このときの担当は防災企画・地域支援課の尾崎幹明副参事と冨田直樹主査でした。

この事業では「命を守るためにできることは何でもやる」という考えのもと、「MYまっぷラン」という取組を展開することにしました。「何それ？」と思われたかもしれません。これは、三重大学大学院工学研究科の川口淳准教授の提唱により三重県が導入した、個人の津波避難計画を自分自身の手で作ろう、という取組です。

例えば、ある沿岸部の地区に三十名程度の住民が住んでいるとします。その一人ひとりが避難場所や避難路を自分自身の目で確認して自分自身の足で歩いてみるのです。そのうえでそれをA3版のペーパーに地図として落とし込む（これが裏面です）。表面には自分自身の名前・住所・電話番号や血液型などの個人情報、あるいは家族や友人の連絡先、非常持ち出し品のチェックリストなどを記載しておきます。そのペーパーを八つに折りたためば、常時携行可能なポケットサイズ（A6版）の個人別避難計画のできあがりです。

そして三十名がそれぞれ作ったこの個人別避難計画を持ち寄って、それをもとにその地区の避難計画を作成するのです。

避難計画は本来「自助」の範疇。行政のお仕着せでは絶対に身に付きません。自らの命は自らが守る。これがこの取組の基本姿勢です。ちなみに「MY」は「個人」、「まっぷ」は「地図」、「ラン」は「避難」を意味し、「まっぷ」の「ぷ」と「ラン」をつないで「プラン」、すなわち「計画」を表しています。

このように言うと、いかにも簡単で面白そうな取組のように思えるかもしれません。でも実際にこの取組を県内各地に展開するのは容易ではありません（でも、面白いといえば面白い取組だと思いますよ、私は）。

私たちはこのモデル事業を実施するにあたり、熊野市有馬町芝園地区のみなさんに一年間ワークショップに参加いただき、議論を重ねながら計画作りを実践してもらいました。指導には西川実雄防災技術指導員が当たりました。最初は口の重いみなさんでしたが、時間とともに会話も弾み、「避難の際になぜ自動車は使えないのか」「自分の力で歩けない人はどうしたらいいのか」などの課題もたくさん出るようになりまし

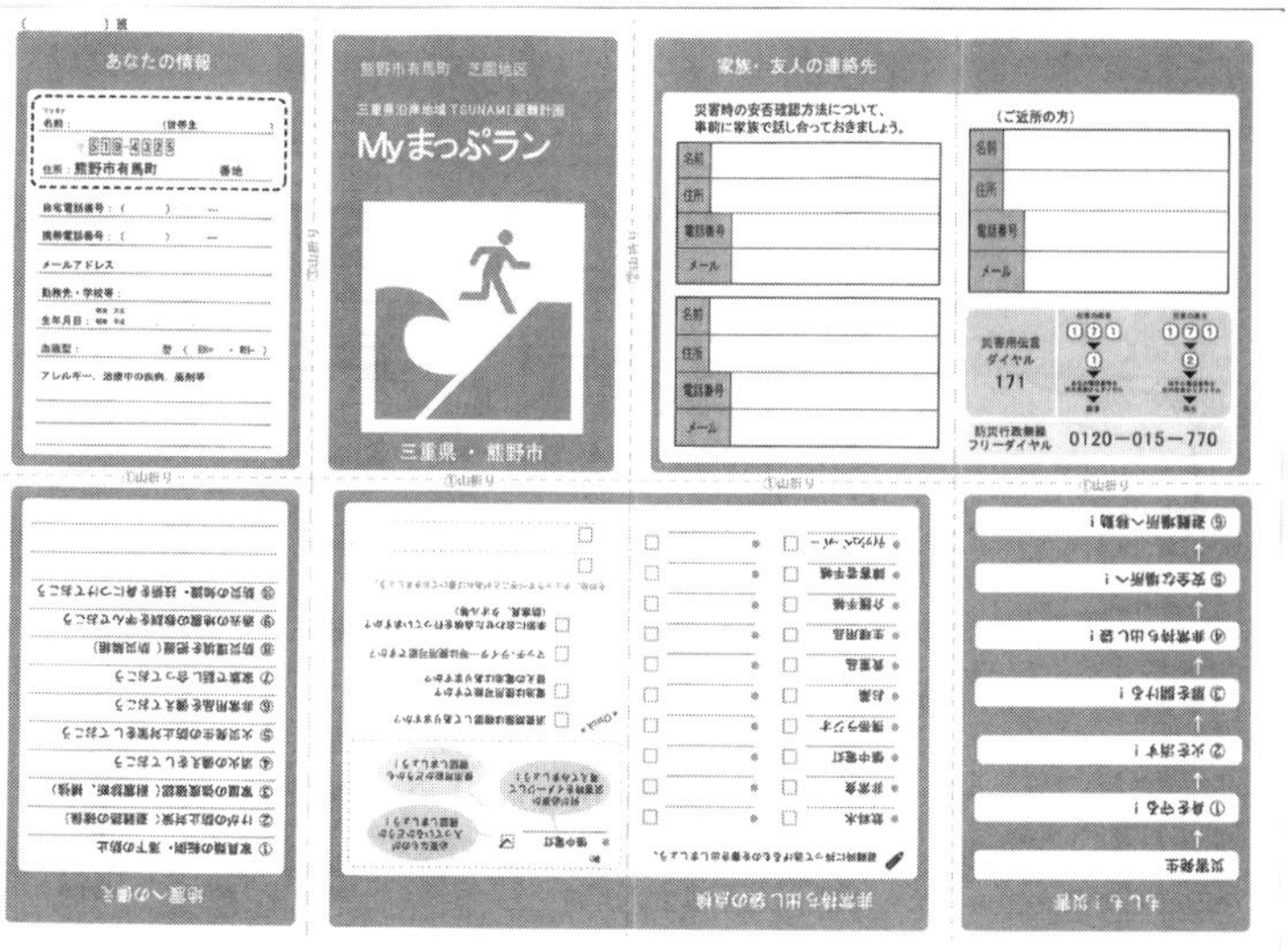

熊野市有馬町芝園地区の「MYまっぷラン」（表面）

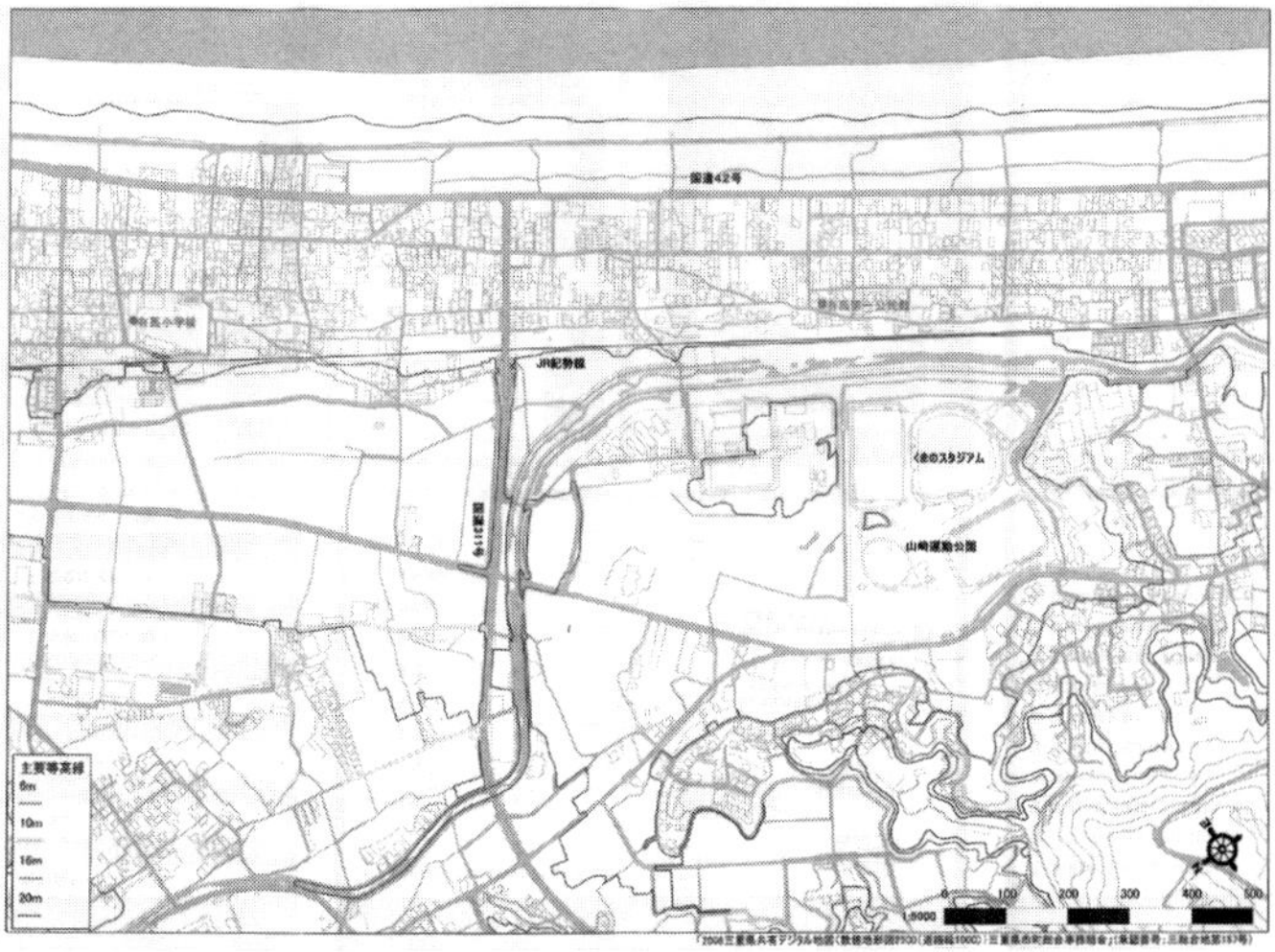

熊野市有馬町芝園地区の「MYまっぷラン」（裏面）

た。ワークショップの最後には「今後も継続して取り組むべき」との意見でまとまったように覚えています。しかし、どこの地区でもこの芝園地区のみなさんのようにやれるかというと、なかなかそうはいきません。この取組を円滑に進めるには、住民のみなさんと市役所や町役場の職員のみなさんの理解と協力が不可欠だからです。

とはいえ、平成二十七年度には、三重県の沿岸十八市町のうち南部（三重県南部は南海トラフ地震による津波到達時間が極めて短いとされている地域です）に位置する、鳥羽市で二地区、熊野市で二地区、南伊勢町で四地区、紀北町で一地区、御浜町で一地区、紀宝町で一地区の計六市町十一地区において実施されました。

なお、平成二十八年三月、住民の要望を受けて熊野市はこの芝園地区に津波避難タワーを建設しました。

津波避難タワーに関していえば、平成二十八年三月三十一日現在、三重県内の施設は大紀町の錦タワーをはじめ整備予定のものも含めると約三十基の数に上っています。

そしてさらに、このモデル事業では、「ＭＹまっぷラン」だけでなく、個別避難計画を作成してもなお、想定される津波到達時間までに避難を完了することが見込めない場合、それでも最後まで命を守り抜くための方策として「津波救命艇」の導入についても提案しています。

報告書では、四国運輸局において、船舶に搭載が義務付けられている船舶用救命艇をベースに津波の衝撃に耐えられる強度等を付加した津波救命艇の検討が進められている、という事実概要を紹介しているにすぎませんが、その後、高知市などいくつかの地域で導入が始まり、三重県においても平成二十六年三月、志摩市の老人福祉施設「シルバーケア豊壽園」に二十五人乗りの津波救命艇が設置されました。三月三十日の設置記念セレモニーには、私も出席して祝辞を述べさせていただいています。

また、四国運輸局が平成二十五年六月に作成した津波救命艇ガイドラインをふまえ、平成二十六年九月には、国土交通省海事局が新たな津波救命艇ガイドラインを作成しています。

当時から私は、この津波救命艇に強い関心を抱いており、事業者の方とも何度か議論をしています。その際私が常に言ってきたのは「二十六人目の問題」でした。どういうことかというと、現在開発されている救命艇の多くが二十五人乗りです。事業者によると、開発コストと現行のガイドラインとを照らせばこの定員数が最適らしいのです。これに対して私は「しかしこれでは、福祉施設や保育園のようにクローズドな環境（施設内の人々しか活用できない環境）ならいざ知らず、オープンな環境には設置できません。助けを求めてやって来た二十六人目の人を見殺しにしてハッチを閉めることなど絶対にできませんから」と主張して「選択肢を増やしてほしい」とその都度要請してきました。百人乗り、二十五人乗り、四～五人乗りなどの選択肢があれば、例えば百人乗りならオープンな環境にも設置できるかもしれませんし、四～五人乗りなら個人宅の庭にも設置できます。そうした選択肢があれば、二十五人乗りの救命艇も活きるのではないかと思っています。

国土交通省海事局からも森裕貴専門官が意見を聞きたいと私を訪ねてみえたことがあります。私からは、開発の幅を広げられるようにガイドラインの要件を緩和してほしい旨と、導入促進のための財政支援措置をお願いしたのを覚えています。

この津波救命艇が「Ｍｙまっぷラン」を補完する「二重三重の備え」の一つだとすれば、その次の取組、いわば「最後の最後の砦」として報告書に掲げたのが「ライフジャケット」です。

私たちはライフジャケットがあれば命が助かるなどと安易に考えたわけではありません。しかし東日本大震災の際にも、津波に飲み込まれたものの、ダウンジャケット（この場合、ライフジャケットではありませんが）を着用していて、水に浮いたために生き残ることができた、との証言があります。要するに、何が何でも命を守りぬくため

三重県大紀町の津波避難タワー（第2錦タワー）

平成25年1月に熊野市で開催された「津波対応型救命艇・住民説明会」の様子

の努力をやめないでほしい、との願いを込めて、私たちは取組の一つとしてライフジャケットを掲げ、私たちが市町を財政的に支援するために制度化して持っている「地域減災力強化推進補助金」の中にメニューの一つとして加えることにしました。

行動項目をあと一つだけ紹介します。「行動9」です。

ここでは具体的取組の一つとして「避難所運営マニュアル策定指針の改訂」を挙げています。これに基づき私たちは、東日本大震災の教訓をふまえ、平成十五年度に策定した「三重県避難所運営マニュアル策定指針」を、女性・障がい者・外国人などの視点を取り入れた内容へと大幅に改訂しました。担当したのは防災企画・地域支援課の河村孝祐主査です。

そして先ほどお話しした三重県モデル事業とこの「避難所運営マニュアル策定指針」を合わせ、「緊急避難体制整備事業」という事業名で、防災企画・地域支援課地域支援班の竹村茂也班長のリーダーシップのもと、五名の防災技術指導員が中心となり県内各地へのいわば「水平展開」を現在も進めています。

2　地震被害想定調査

国の中央防災会議に設置された「東北地方太平洋沖地震を教訓とした地震・津波対策に関する専門調査会」では、平成二十三年九月二十八日の最終とりまとめにおいて、今後、地震・津波の想定を行うにあたっては、繰り返し発生し、近い将来同様の地震が発生する可能性が高く切迫性の高い地震・津波を想定してきたこれまでの考え方を改め、科学的知見をベースに、あらゆる可能性を考慮した最大クラスの巨大な地震・津波を検討すべき、とされました。

この辺りの言い回しがわかりにくいかもしれません。こうした点が、その後様々な局面で地震被害想定に関する数字が何度も示されたことと合わせ、県民のみなさんや読者のみなさんを混乱させてしまった一因だと思います。

少し整理してみます。

混乱の原因は、私は三つあると考えています。

一つは、二種類の想定を公表したことです。先に、専門調査会がこれまでの考えを改めたと述べましたが、国の専門調査会では当時、東日本大震災の教訓をふまえ、二度と「想定外」という事態を招いてはならないとの考え方が支配的だったのだと思います。このことは無論間違いではありません。だからといって、数万年に一度しか起きないようなとんでもない巨大地震だけを想定したところで対策のとりようがありません。そこでやはり、現実的な従来型の想定も必要になってくるわけです。百年から百五十年間隔で実際に発生してきた慶長地震（一六〇五年）、宝永地震（一七〇七年）、安政東海地震（一八五四年）、安政南海地震（一八五四年）、昭和東南海地震（一九四四年）、昭和南海地震（一九四六年）のような大地震に対応するための想定のことです。

ちなみに私たちは、南海トラフ地震の被害想定を検討するにあたり、前者のケースを「理論上最大クラスの南海トラフ地震」と名付けました（国は「L2＝レベル2」と呼んでいます）。あらゆる可能性を科学的見地から考慮し、発生する確率は極めて低いものの理論上起こりうる最大クラスの南海トラフ地震を想定したもの、という意味です。一方、後者のケースを「過去最大クラスの南海トラフ地震」としました（L1＝レベル1）。先の例に挙げたとおり過去概ね百年から百五十年間隔でこの地球を襲い、揺れと津波で日本に甚大な被害をもたらしてきた、起こりうることが歴史的に実証されている南海トラフ地震を想定したもの、という意味です。

こうした二種類の想定を出すことはやむを得ないでしょうし、そうしなければ、あらためて想定を出す意味がなかったともいえます。

問題は二つ目、その公表の仕方に、混乱を招いたより大きな原因がありました。国（といっても、これは「東北地方太平洋沖地震を教訓とした地震・津波対策に関する専門調査会」ではなく、内閣府に設置された「南海トラフの巨大地震モデル検討会」のことです）は、平成二十四年三月三十一日にいきなり、南海トラフ地震において想定される震度分布と津波高を公表しました（第一次報告）。覚えておられるでしょうか。高知県黒潮町の最大津波高が三十四・四メートルという、あれです。そしてその後、平成二十四年八月二十九日に震度分布と津波高に関する第二次報告が公表されました。一方、同日付けで、中央防災会議に設置された「南海トラフ巨大地震対策検討ワーキンググループ」により被害想定調査結果の第一次報告が公表され、続いて平成二十五年三月十八日に被害想定調査結果の第二次報告、同年五月二十八日に「南海トラフ巨大地震対策について」（最終報告）が公表されることになるのです。

このように段階的に公表することについて、私なら一度にまとめて公表することをまず考えますが、仮に百歩譲って「段階的」は仕方がなかったとしても、平成二十四年三月三十一日のこのいきなりの公表が最後まで尾を引いたのは間違いなさそうです。結果論と言われるかもしれませんが、あの公表が無いか、少なくとも市町への事前説明をきちんと行い、市町が住民に説明するための体制づくりができるよう時間的余裕を市町に十分付与したうえで公表する、といった配慮があれば、混乱は避けられたように思います。国がなぜあのように唐突に公表したのか、今思っても不思議でなりません。

三つある、と言った最後の原因は、国の公表を受けて三重県を含む各県があらためて被害想定を公表するとしたことです。これは国の問題ではなく各県の問題です。

実は、国が公表する被害想定というのはマクロな視点での外観をつかむことが目的であり、都道府県の詳細な数値は示されていないため、各都道府県が防災・減災対策を推進するにはさらに詳細な調査をせざるを得なかったのです。さらに三重県の場合、津波浸水予測調査を二回実施することにしていましたから、こうしたことへの説明責任は無論国ではなく全て私たちにありました。

さてここからは視点を変えて、平成二十四年三月三十一日の衝撃的な公表以降、私たちがどのように行動したかということをお話したいと思います。

二日前の三月二十九日、私は9県知事会議による国への政策提言活動のため、鈴木知事の代理で上京していました。9県知事会議とは正しくは「南海トラフ地震による広域災害への備えを強力に進める9県知事会議」といい、尾崎正直高知県知事の提唱により平成二十三年六月二十六日に立ち上げられた会議体のことです。静岡県、愛知県、三重県、和歌山県、徳島県、愛媛県、高知県、大分県、宮崎県の各知事で構成されています（南海トラフ地震の影響範囲はこれほど広いということがよくわかる顔ぶれです）。

提言活動を終えて帰県すると、内閣府から三重県庁に、三十一日に震度分布と津波高予測を公表する旨の連絡が入りました。

私たちは愕然としました。特に衝撃的なのはやはり津波高です。三重県の最大値は鳥羽市の二十四・九メートル。次いで、尾鷲市が二十四・五メートル、志摩市二十四・〇メートル、南伊勢町二十一・八メートルなどとなっています。この数字は、例えば鳥羽市の場合、市の離島のごく一部の地点が特殊な要因でそうした数字になるだけであって、市全体がこれほど高い津波に襲われるという予想を示したものではありません。しかし、そうした説明は一切ないため、これを目にした住民や市町のみなさんが大混乱に陥ることは火を見るよりも明らかです。しかも三十一日は土曜日です。市町の役所は休みです。そんな日にそのような公表をされても対応のしようがありません。さらにいえば、翌四月一日をもって「防災危機管理部」は「防災対策部」へと組織変えになり、私自身も副部長から部長になることが決まっています。

「どうしてこんなときに…」と思わず泣き事を言いたくなりました。

私と小林地震対策室長はじめ職員たちは夜遅くまで協議し、とにかく早急に知事へ報告すること、そして市町との連絡調整を遺漏なく行えるよう体制をとることなどを決めて、その日は帰宅しました。

一方、三十一日当日には私から鈴木知事に電話をかけ、「万一マスコミから取材を受けたときは県民に対し『冷静に受け止めるよう』と呼びかけてほしい」旨あらためてお願いしました。

知事は「数字が独り歩きして無用な混乱が起こってはならないので、冷静に受け止めていただきつつ、このようなことも起こり得ると意識していただければ幸い」とコメントしてくれました。加えて、国に対しても「南海トラフ地震を国家的課題とし、財政支援を含めた特別措置法を制定してほしい」と早急な対策を要望しました。

その後、私自身もマスコミやとりわけ市町の首長さんに対して、この「冷静に受け止めてほしい」というセリフを繰り返すことになっていきます。

市町の首長にしてみれば、今回の公表はあくまで国の公表であり三重県がしたことでないことは十分わかっていても、私たちにモノを申すしかありません。しかも、住民のみなさんから直接「この数字はどういう意味だ。私たちにどうしろというのだ」と迫られるのは県ではなく市町なのです。「公表を阻止できなかったのか」「国に対して抗議しないのか」と私たちに言いたくなるのは当然でした。

そして言われるまでもなく、私たちは直ちに内閣府への要望活動を行いました。「今後、内閣府が津波浸水想定や被害推計等の内容を公表する際は、その数値等に関する根拠や考え方について明確な説明をお願いしたい。また、今後予定されている十メートルメッシュの津波高（国は三月三十一日の津波高を五十メートルメッシュで算出しており、今後十メートルメッシュで計算し直したものを第二次報告として再度公表すると明言していました）についても、三月三十一日の数字と異なった結果になる場合は、その理由等について、地方に対して、とりわけ市町に対して明確に説明していただきたい」

これが私たちの要望内容でしたが、八月二十九日の第二次報告において国からの明確な説明はほとんどありませんでした。このとき、鳥羽市の津波高は二十七メートルと以前より高くなっていたにもかかわらず、です。

このときはたしか、鈴木知事に「一つひとつの数字に一喜一憂しないよう」とのコメントを県民のみなさんに向けて発信してもらったように記憶しています。

私たちは「三重県市長会（市長さんの集まり）」「三重県町村会（町長さんの集まり）」の会合に出席してはこの件についてできる限りの説明を行いました。県議会議員のみなさんへも説明しました。

そうした中、三重県の被害想定調査の方は遅れていました。というのも、以前にも述べたとおり国の被害想定調査が遅れていたからです。必然的に「三重県新地震・津波対策行動計画」の策定作業も当初の平成二十四年度内完成予定から一年遅れの見通しとなっていました。

平成二十五年度になり、いよいよ三重県の被害想定調査結果を公表すべき時期が近づきました。

ところで、私は職員に仕事を指示する際、部長室での打ち合わせに加え、特に重要な事項はあらためてメールで細かく指示することがあります。

平成二十五年の年末、防災企画・地域支援課の職員にこんなメールを送りました。

1　津波高等の数値を再び見せられることについて住民や首長には相当拒否感があると推測される。それにもかかわらず、私たちが今回あらためて被害想定等を示さなければならない理由は何か？　それは、

①これまで「国の被害想定を受けて県はあらためて公表する」と明言してきたこと。
②県として防災・減災対策の中期計画（新地震・津波対策行動計画）を策定するための拠り所が必要なこと。
③市町としても市町単位の詳細な結果を必要としていること、などであると考える。

2　しかしながら、首長や住民はもはや数字の独り歩きには辟易しているという現実がある。

3　それだけに、今回の公表にあたり県が考慮しなければならないことは、
①すでに公表した津波浸水予測調査結果（川崎モデル）との整合性に留意すること。
②津波高については今さら「理論上最大クラス（L2＝レベル2）」の数字を示して住民の混乱を招くことのないように配慮すること。

基本的にこの2点に留意しておけば（逆にいえば、この2点は絶対条件）特に問題はなく、首長や住民からのハレーションもないのではないかと思われる。

このメールを送ることで、職員だけでなく私自身も腹をくくることができると考えたのでした。

年が明けた二月、公表にあたり三重県の考え方を「三重県市長会」と「三重県町村会」に説明しました。

三月、万一首長さんが住民のみなさんから質問を受けたときのための「Q＆A」を作成して市町に配布しました。首長への「Q＆A」ですから、これについては全て私自身が書くことにしました。参考までに全八問中最初の一問のみを掲載しておきます。

Q１　何のために、わざわざ「被害想定」を調査して公表するのか？

Ａ１

（１）被害想定には大きく二つの種類があります。

一つは、自然災害の危険の程度や状態を示すもの。地震で言えば、①震度（揺れ）の大きさ②液状化の危険度③津波の高さ④津波による浸水の範囲や深さ　などです。これらを英語で「ハザード（危険の原因）」と言います。

もう一つは、そうした危険の原因によって、実際に生ずる被害の量や姿を言います。①死者や負傷者などの人的被害②建物が倒壊したり消失したりするといった物的被害③電気・ガス・水道などのライフライン被害④お金にしたらいくらの損失といった経済被害　などです。こうした被害の量や姿を英語で「リスク（現実の危険）」と言います。

（2）そして、こうした被害想定（「ハザード」と「リスク」のどちらも）を国や県が公表する理由は、「近い将来に必ず起きる」と言われる大地震（南海トラフ巨大地震）から住民のみなさんの命を守るため、各地の災害特性（災害上の特徴）を、行政も住民自身も、しっかりと知っておくためです。

つまり、ハザードについて言えば、地震が起きたときに、どの辺りが一番揺れがひどいか、また、津波がどこまで来るか、どの辺りから最も早く浸水してくるか、といった予想ができていれば、そのための対策が立てられるからです。例えば、この辺りに家を建てるのならしっかりと耐震化する必要がある、とか、そもそもこの辺りに家を建ててはいけない、とか、この辺りに避難場所を設置すべきだ、とか、などです。

もしも想定がなければ、こうした対策を立てようとしても立てられず、闇雲に避難場所を作ってみたり、目標も決めずにただ形だけの訓練をしてみたり、いざ災害が発生したときにも、どっちへ行ったらいいかわからずに逃げ惑わなければならなくなるかもしれません。要するに、対策の方向性をはっきりと決めることができないのです。

リスクもそうです。リスクの場合、どちらかと言うと、行政の側の対応のために使われることが多いのですが、例えば、この地域に死者が多数出るおそれがあるから一番先に対策を講ずる必要がある、とか、いざ災害が発生した際には真っ先に自衛隊が駆け付ける地域はここだ、とかいった、いわゆる応急対策の際の判断材料になるわけです。

（3）いずれにしても、被害想定が全くなかったら、防災対策は絶対にできません。だからこそ、国も、南海トラフ巨大地震によって甚大な被害が見込まれる、愛知県、静岡県、和歌山県、高知県、そして三重県などの各県も、どこも皆、被害想定を作っているのです。

こうして私たちは、三月二十四日、三重県の地震被害想定調査の結果を「三重県新地震・津波対策行動計画」とセットで公表しました。

市町等からのハレーションは一切ありませんでした。

3　三重県新地震・津波対策行動計画の策定

「三重県新地震・津波対策行動計画」の序文には「三重県緊急地震対策行動計画」と同様、鈴木知事の名で次のように書いています。

東日本大震災の発生から3年が経ちました。東北地方では、今も、復興に向けた懸命の努力が続けられています。（中略）

生きるために備えてください。生きるために逃げてください。

このことを県民の皆さんにお願いして、私は、地震・津波対策を県政の最重点施策に位置づけ、災害に強い三重づくりに取り組んできました。

この「三重県新地震・津波対策行動計画」は、平成23年度から緊急的に取り組んできた津波避難対策や防災教育などの取組に加えて、災害時要援護者対策や観光客対策、緊急輸送・拠点機能の強化、復興プロセスの検討など、総合的な観点から、これからの三重県の地震・津波対策の方向性と道筋を示したものです。

東日本大震災は、我が国の防災対策のあり方を根底からくつがえすこととなりました。南海トラフ地震の脅威にさらされている三重県にとっても、それは同じです。そこで、東日本大震災が突きつけた教訓と課題をしっかりと受けとめ、三重県は今後、新たな地震・津波対策に取り組んでいくのだという強い思いを込めて、計画の名称に、「新」という一文字を入れました。(後略)

この計画は「三重県緊急地震対策行動計画」を引き継ぐもので、平成二十五年度から二十九年度までの五年間を計画期間としています。冊子にして二百七十ページの膨大なものとなりました。手前味噌な言い方になりますが、計画のボリュームだけでなく、百九十二の行動項目を平成二十九年度末の数値目標を掲げながら「災害予防・減災対策」「発災後対策」「復旧・復興対策」の三つの施策に分けて整理した点、それらの中から特に注力すべき取組を十の選択・集中テーマ別に再整理し、それぞれの「現状と課題」「取組方針」を詳細に記述した点、そして何より、同時に地震被害想定と施策推進による減災効果を示した点など、かなり充実した内容となっています。しかも、世間によくあるコンサル頼みでなく全てが自前であることからも「俺たち県庁防災対策部」にとっての自信作なのです。

冊子を関係者のみなさんに送付したところ、気象庁地震津波監視課の長谷川洋平課

三重県新地震・津波対策行動計画

長からは「本計画は具体方針を平易に示した非常に完成度の高い行動計画という印象を持っているところです。何より、その構成や文章全体にわたって、形式や建前に留まることなく、さまざまな困難がある中で県民と郷土を守るために何をしなければならないか、という覚悟や熱意が伝わってくる点がすばらしいと思います」との過分なおほめの手紙をいただきました。ついでに言っておきますと、この長谷川課長の名刺が素敵です。裏にこう書いてあります。「おぼえておきましょう。津波は波ではありません。大・中規模の津波は海からの洪水。小津波は海中の急流です。」

しかし、この計画が完成するまでには二年近くの歳月を要したばかりか、実はその間に様々な紆余曲折があったのです。

最初の一年間（平成二十四年度）は前項で述べたとおり国の地震被害想定に翻弄された一年間であり、私自身は内心、「二十四年度内完成」という当初の目標は早い段階から放棄していました。

ところが防災企画・地域支援課の森将和主幹とその仲間たちはどうやらそうではなかったようです。二十四年度末に「中間案」をとりまとめ、それをほぼそのままの形で平成二十五年六月頃には「最終案」として固めたいと言い出しました。

しかし、被害想定とセットで出すどころか被害想定も公表していない中で、想定あっての計画にもかかわらず想定抜きで計画を公表したいというのは、私には到底理解できませんでした。

彼らは焦っているようでした。この当時、「三重県新地震・津波対策行動計画」以外に三重県地域防災計画の抜本的見直し作業も進めていましたし、「三重県新地震・津波対策行動計画」のあとには「三重県新風水害対策行動計画」の策定が待っていました。いちいち挙げることはしませんが、これら以外にも計画の類だけでも目白押しの状態だったのです。

しかし、そんな彼らに対して私は非情でした。「中間案は忘れろ」と言ったのです。私から見れば「中間案」とは名ばかりで、きつい言い方になりますが、「三重県緊急地震対策行動計画」に少しばかり毛が生えた程度にしか見えませんでした。「三重県緊急地震対策行動計画」は「緊急」でしたので多少は目をつむったとしても、中期計画ではそれは許されないと思いました。

計画策定にあたっては、三重県防災会議に専門部会「防災・減災対策検討会議」を設置し、委員には関西大学社会安全学部・社会安全研究センター理事兼センター長の河田惠昭教授（委員長）をはじめ、名古屋大学減災連携研究センター長の福和伸夫教授、元神戸大学教授で公益財団法人ひょうご震災記念21世紀研究機構の室崎益輝副理事長ら十二名のそうそうたるメンバーに就任いただいており、すでに様々な観点から意見を頂戴していたのです。それだけに「中間案」にはもう少し工夫が見られるだろうと期待もしていました。

私は例によってメールにより指示を出しました。

「発災直後の対応が的確にできるように」とか「人々の生活の回復を図ることまでも視野に入れ」とか、お題目は景気がいいが内容が伴っていない。掲げてある行動項目は網羅的でメリハリもない。なぜこの取組をするのかという理由づけもない。三重県らしさもなければ、書きぶりも平板だ。河田教授は「優先順位、例えば三段ぐらいの色分けが必要」と言い、室崎教授は「ポイントがわかりにくい」と言っておられたにもかかわらず、この程度か。

とペンペンでした。

そして私の方から、重要項目をテーマごとに整理することを提案し、「現状と課題」「今後の方向性」といった原理原則に則った論理的なまとめ方をするように指示しました。

その後も同様のやり取りが何度もあり、ようやく完成したのがこの「三重県新地震・津波対策行動計画」なのです。

担当の森主幹が私の指示に目を白黒させながら大量に汗をかき、それを、小林課長から替わった加太竜一防災企画・地域支援課長や若林直樹課長補佐らが支え、そんな連中に私がまたバンバン文句を飛ばして完成したのがこの計画だ、と言い換えることができるかもしれません。

参考に、十個の選択・集中テーマというのを掲げておきます。

○家庭における耐震対策を進める
○避難をあきらめないための対策を進める
○防災人材が地域で活躍するための対策を進める
○防災教育を通じて、次世代の防災の担い手を育てる
○命が危ぶまれる災害時要援護者への対策を進める
○命が危ぶまれる観光客への対策を進める
○命をつなぐ「災害対策本部機能・体制」を強化する
○命をつなぐ「緊急輸送・拠点機能」を確保する

○命をつなぐ「災害医療体制」を構築する
○被災者の生活再建を早める復興プロセスを事前に構築する

最後に、かなり長文になりますが、八番目の選択・集中テーマ「命をつなぐ『緊急輸送・拠点機能』を確保する」の一部（「2取組方針」と数値目標は省略）を掲載してこの項を終えたいと思います。

なお、この「三重県新地震・津波対策行動計画」は、三重県のホームページ「防災みえ．ｊｐ」からもご覧いただくことができます。機会があれば、ぜひ一読してみてください。

選択・集中テーマ「命をつなぐ『緊急輸送・拠点機能』を確保する」

1　現状と課題

東日本大震災では、沿岸部へのアクセス道路が津波等によって寸断された結果、被災地内外からの救出・救助活動の本格化が遅れる結果となりました。

人命救助は発災後72時間が限界と言われ、この間における活動展開が極めて重要となります。迅速な救出・救助活動のためには、被災地へのアクセスを迅速に確保する

三重県防災会議専門部会「防災・減災対策検討会議」の様子

とともに、傷病者の十分な治療を行うことができる被災地外の病院等への後方搬送などが必要となります。

南海トラフ地震が発生した場合、県内では、強い揺れや津波によって道路や橋梁に被害が生じ、緊急輸送が困難となって孤立する地域の発生が懸念されています。なかでも、東紀州地域をはじめとする熊野灘沿岸部では、その懸念が強いものとなっています。

県では、平成8年度に「三重県広域防災拠点施設基本構想」を策定し、被災地内外からの応援・支援活動の拠点として、県内を5つのエリアに分け、平成13年度の中勢拠点を皮切りに、東紀州拠点、伊勢志摩拠点、伊賀拠点と広域防災拠点を順次整備してきており、北勢広域防災拠点の整備を唯一残すのみとなっています。

広域防災拠点は、災害応急対策活動における空と陸の玄関口でもあります。これまでに整備が完了した拠点施設は、拠点の運営訓練をはじめ、ヘリコプターの離着陸訓練や総合防災訓練等に活用され、本県の災害対応力の向上に寄与してきました。

そして平成24年度には、県防災会議の専門部会として「広域防災拠点等構想検討委員会」を設置し、今後の広域防災拠点のあり方、北勢拠点の候補地等について検討を行い、「三重県広域防災拠点施設等基本構想〔改訂版〕」を策定したところです。今後、改訂後の「基本構想」に基づき、必要な検討や整備を進めていく必要があります。

また、これらの拠点施設のほか、県・市町の庁舎など県内各地の防災拠点を結び、発災直後から必要となる緊急輸送を円滑に実施するため、計画的な道路整備を進めるとともに、緊急輸送道路として指定を行っています。これらの道路は、道路構造そのものの耐震性が確保されているとともに、代替性確保のためにネットワーク化されていることが求められています。現在、県内では、平成25年3月にまとめた「三重県緊急輸送道路ネットワーク計画」において、国、県、市町及び中日本高速道路株式会社等管理の道路385路線、1，744㎞を指定しているところです。

道路整備については、とりわけ東紀州地域において、緊急時の救助・救援を担う「命の道」として、紀勢自動車道、熊野尾鷲道路、紀宝バイパス等の幹線道路及びこれらにアクセスする道路の整備が進められてきており、平成25年度内には一定の事業進捗が図られますが、残された課題として、ミッシングリンクとなっている未事業化区間の早期事業化に、引き続き努めていく必要があります。

さらに、陸路での緊急輸送機能を確保するためには、道路が閉塞した際、がれき等障害物の除去や段差修正を行う道路啓開対策も進めていく必要があります。

これまでに、熊野灘沿岸部における活動展開のため、道路啓開にあたる建設企業の担当区間を決めた道路啓開マップを策定し、国、市町、建設企業と連携して同マップに基づく訓練を行うとともに、必要な資材を備蓄する道路啓開基地の整備、代替路の確保が困難な箇所について道路構造の強化にも取り組んできたところです。引き続き、迅速な道路啓開作業に向けた態勢整備を推進していく必要があります。

以上述べたとおり、①広域防災拠点の整備・機能強化、②県南部のミッシングリンク解消に向けた取組も含めた緊急輸送にかかる道路整備、③道路啓開を迅速に実施するための態勢整備、これらは三重県の災害応急対策活動をハード面から支える重要な対策です。本県の地理的特性も考慮に入れながら、着実に取組を進めていく必要があります。

なお、こうしたハード対策が実効的なものとなるためには、これらを活用したソフト面での対策も大事です。広域防災拠点を活用した訓練や道路啓開マップに基づく訓練の実施については、前述したところですが、緊急輸送に関しても、業界団体との間で物資等の緊急輸送にかかる協定を締結しているところであり、発災時に必要な車両や人員を確実に確保できるよう、平時からの連携を密にしておくことが重要です。

また、これらの対策に加え、発災後72時間の災害応急対策活動を支えていくためには、燃料の確保も必須の対策となります。東日本大震災では、ガソリンスタンドの損傷等によって緊急車両の燃料補給が困難となる事態が発生しました。

こうした反省を生かすため、ガソリンの確保・供給については、現在、資源エネルギー庁が中心となり、大規模災害時に中核的な役割を担う災害対応型中核給油所（中核SS）を選定し、自家発電設備の導入や地下タンクの増強等を図る取組が進められています。

一方、空からの活動を展開するためには、航空燃料の確保・供給にかかる体制整備が欠かせません。特に陸路の寸断が予想される東紀州地域にあっては、発災直後は、空路（ヘリコプター）による緊急輸送が極めて重要な手段となる事態を想定しておく必要があります。

現在、航空燃料については、ヘリコプターの運航基地である伊勢湾ヘリポート（津市）において供給されていますが、発災時には東紀州地域における緊急輸送ヘリコプターの効率的な運用が大きな課題となります。ヘリコプターの無給油での飛行時間は2時間が限界であるため、往復の飛行時間を考慮した場合（例えば、伊勢湾ヘリポートから熊野までは往復70分を要する）、現地での活動時間は1時間に満たないのが現状です。

このことに関しては、前述の「基本構想（改訂版）」においても、「今後、広域防災拠点への一定量の燃料備蓄について検討する必要がある。」との提言を受けているところです。

さらに、陸路・空路に加え、海上からの救助・搬送活動も視野に入れておく必要があります。平成25年9月に紀南地域を舞台として実施した総合防災訓練、また、同年12月に尾鷲市にて実施された巨大津波対処機関合同訓練では、地域の孤立化を想定し、自衛隊や海上保安庁等との連携により空と海からの救助・搬送訓練が行われました。

東紀州地域での活動を念頭に置き、発災直後から継続して災害応急対策活動を展開するための対策を進めていく必要があります。

2　取組方針

（略）

3　重点行動項目

①広域防災拠点の整備・機能強化
②緊急輸送道路の整備
③高速道路のミッシングリンク（未開通区間）の解消
④道路啓開対策の推進
⑤緊急輸送ヘリコプターの燃料確保
⑥総合防災訓練（実動訓練）の実施

（数値目標略）

4　県北部海抜ゼロメートル地帯対策協議会の設立

三重県や9県知事会議の提言を受けて「南海トラフ地震に係る地震防災対策の推進に関する特別措置法」が成立しました。施行日は平成二十五年十二月二十七日です。この法律に基づき「津波避難対策特別強化地域」に指定されると、例えば市町村が津波避難タワーを建設する場合に、通常なら国の補助率二分の一のところを三分の二の補助(嵩上げ措置)が受けられることになります。厳しい財政事情に喘ぐ地方にとってはとてもありがたい話です。そこで気になるのは特別強化地域指定の条件です。

国は当初「陸上において三十センチメートル以上の浸水が地震発生から三十分以内に生じる地域」という案を示しました。これによれば、三重県の沿岸十八市町のほぼ全域が対象になります。ラッキーです。ところがその後すぐにこの条件に「津波により」という修飾語が加わったのです。これは三重県にとって大問題でした。

三重県北部の伊勢湾奥沿岸部には「海抜ゼロメートル地帯」が広がっています。この地域は津波到達までの時間的余裕はあるものの、地震による揺れや液状化によって河川堤防が壊れると、津波到達以前に一気に浸水が始まることが危惧されている地域です。

浸水の直接的な原因が津波であろうがなかろうが、地震によることには違いなく、被害の甚大さも津波によるものと何ら差異はないのです。だから、津波による直接的な浸水でないことを理由に地域指定から外れるとすれば、それはあまりに杓子定規な考え方であって、いかにも不合理だと私たちは考えました。

そこで私たちは早速、国に対して提言することにしました。提言文は次のとおりです。

南海トラフ地震対策特別措置法における「津波避難対策特別強化地域」の指定基準については、原案で「三十分以内」とされている津波到達時間を絶対的な基準とすることなく、「浸水開始時間」、「浸水面積」、「浸水深」等、市町の地勢に応じた様々な条件を考慮し、津波避難施設や避難路等の整備なしでは津波による多くの人的被害が生じることが見込まれる市町について、法の趣旨に沿って、「津波避難対策特別強化地域」の対象となる基準とすること。

それでは、この提言文をもとに、当時私たちがどのように行動したか、多少臨場感を持ってお話することにしましょう。

平成二十六年二月十八日、翌十九日に私が上京して内閣府の官房審議官に提言する旨を鈴木知事に報告し、知事の了承を得ました。

ところが、その時期、二月十四日の夕方から十五日の朝にかけて山梨県は記録的な豪雪に見舞われていました。そして国は十八日に急きょ豪雪非常災害対策本部を立ち上げ、審議官ら内閣府の職員が現地に詰めることになったのです。提言活動は延期となりました。

しかし年度内には特別強化地域の指定が行われるはずですから、遠い先延ばしは困ります。防災企画・地域支援課の職員が必死になって内閣府と電話で協議し、二十四日（月）ということで折り合いがつきました。

一方、9県知事会議の事務局を務める高知県からは、古屋防災担当大臣の日程を押さえたから二十六日（水）に9県知事会議としても提言活動を行いたいとの連絡が入りました。

実はその頃、三重県では県議会の一般質問が始まっていて、提言活動日程の隙間を埋めるように、二十五日（火）と二十七日（木）の両日は防災対策部長の私にも答弁が求められているところでした。

そうした中、二月二十四日の月曜日から二十七日の木曜日まで、東京と三重の間を担当職員とともに行ったり来たりしていたのを私は今もよく覚えています。

そして三月二十八日、特別強化地域の指定が発表されました。ところが三重県は、沿岸十八市町のうち、よりによって海抜ゼロメートル地帯に位置する桑名市と木曽岬町を除いた、全沿岸市町が指定されていたのです。このことが問題をさらに複雑にしました。全沿岸市町の地勢を比較すると、その指定は必ずしも「津波により」の文言だけでは整理できない内容となっていたからです。そのことについて国からの明確な説明もありません。

桑名市と木曽岬町の落胆と憤慨はかなりのものでした。それは当然でしょう。桑名市の伊藤徳宇市長と木曽岬町の加藤隆町長にしてみれば、国から見放されたような気持だったのではないでしょうか。

言うまでもなく、私たちはその後もまた、国へ何度も出向いて再考を求めることになったのですが、その頃の私はすでに「特別強化地域の指定を受ける受けないの問題」から「海抜ゼロメートル地帯の防災・減災対策をどうすべきかという問題」へと視点を切り替えていました。そして、職員たちにそんな私の考えを伝えました。

一方、鈴木知事には、桑名市と木曽岬町の住民のみなさんのために会見で語ってくれるようお願いしました。知事は快諾してくれました。

四月十日、知事はぶら下がり会見で次のように語ります。

「海抜ゼロメートル地帯の抱える課題解決に向け、両市町と連携して対策を考えていきたい。特別強化地域への国の支援措置をふまえ、県として両市町を支援する。国のスキームと同程度の嵩上げが基本になる」。

四月三十日、三重県と桑名市と木曽岬町とで「県北部海抜ゼロメートル地帯対策協議会」が設立され、協議が始まりました。

十一月七日、協議会において、①広域避難施設整備にかかる支援など「国へ政策提言等を行うもの」、②県補助金の新設や市町の避難計画作成支援など「県が実施するもの」、③市町避難計画や市町津波避難施設等整備計画の作成など「市町が実施するもの」をそれぞれ決定して公表しました。

この決定に基づき、私たちは、平成二十七年度当初予算で、桑名市と木曽岬町を対象とした「県北部海抜ゼロメートル地帯避難対策補助金」を新設するとともに、内閣府に対しては「津波や高潮被害に備えるための海抜ゼロメートル地帯における広域避難対策の推進」とのタイトルで提言活動を開始しました。桑名市と木曽岬町も自らの避難計画を作成しました。

今後は、内陸部に位置するいなべ市や東員町の協力も必要になってきます。隣県の愛知県との調整も欠かせません。

平成二十七年度は、上村正典課長率いる防災企画・地域支援課（担当は森田潤主幹です）と西澤浩課長率いる災害対策課（担当は坂内広輝主事です）がうまく連携をとりながら事業を進めてくれました。平成二十八年度以降も互いに協力しながら粘り強くやってくれるものと私は期待しています。

こうして、備え・逃げるための体制づくりに向けて「俺たち県庁防災対策部」が頑張ってきたことを、そして今後も頑張り続けることを、県民のみなさん、読者のみなさんには、ぜひ知っておいていただきたいと思います。

第３章

守るっきゃない！
～風水害対策～

1　紀伊半島大水害の発生

　平成二十三年の台風第十二号は動きが遅く、九月一日から五日の朝にかけて西日本から北日本に激しい大雨を降らせ、三重県では特に南部地域に甚大な被害をもたらすことになりました。死者二名、行方不明者一名、重軽傷者十七名を出す、平成十六年の台風第二十一号による災害以来の大惨事となったのです。

「紀伊半島大水害」の発生でした。

　私たちは一日の大雨警報発表とともに災害対策本部を設置し、県庁五階奥にある災害対策用のスペース（災害対策室）に防災服に着替えた職員たちが昼夜を問わず交代で詰めることになりました。

　ところがそのときの職員には平成十六年の災害対応を経験している者は一人もいませんでしたし（もちろんその時点では、この台風がそれほどの大災害になるとは誰も予想していませんでしたが…）、私自身、防災対策部（当時は防災危機管理部）に赴任して五か月余り。それ以前は防災の「ぼ」の字も知らなかったのです。

九月三日の土曜日も職員は災害対策室に詰めています。大林清部長も副部長の私も出勤していました。

夜になり、部長を自宅に帰すと部次長級の幹部職員は私だけになりました。八時か九時頃だったでしょうか、職員が私に「副部長も帰っていただいて結構です。台風もこのまま日本海に抜けていくようですし、あとは自分たちでやりますから」と言いました。私は職員がそう言うのならと、素直に言葉に従って車で帰途につきました。そして家に着くなり缶ビールの栓を抜き、一口飲みこんだ瞬間、胸ポケットの携帯電話が鳴り出したのです。電話の向こうから聞こえてくる声は「副部長、戻ってもらえませんか。孤立地区が発生している模様です」と叫んでいます。私は一口とはいえビールを飲んでいましたので、妻に車で県庁まで送ってもらうことにしました。そして県庁五階に戻りました。そのときから、私たちの長く厳しい災害対策活動が本格的に始まることになりました。

私は市町職員などを対象に防災対策の心構えについて講演する際、反面教師的な意味で、この、私がビールを口にした話をよくします。私がとった行動はその後の私には到底考えられない許されない行動でした。そのときも、大雨警報だけでなく土砂災害警戒情報も出ていましたし、例えば河川水位や土壌雨量などから判断すれば帰宅できないことはわかったはずです。ましてビールを飲むなどという行為は論外です。いくら経験不足といっても、副部長という要職にあるわけですからあまりに自覚がなかったと言うべきでしょう。

そしてその後、事態は急展開していきます。

現地の地域機関から、ボートを手配してほしいとの要請が入りました。

ボート？

実は紀宝町の輪中堤が越水していたのですが、災害対策室の誰にも事態が飲み込めません。真夜中になっていました。雨は降り続いています。土日の真夜中という、行政にとって最悪の時間帯でした。何をしたらよいのか勝手がわかりません。

私は自衛隊への応援要請を思い立ちました。

防災対策部には自衛隊ＯＢの方が嘱託として勤務しています。松尾康壽防災技術専門員です。ちなみに海上保安庁のＯＢもいます。南隆男専門員です。

「松尾さんを呼んでくれ」

職員に命じました。松尾専門員はすでに自宅に帰っていました。

「もう寝ています」

紀伊半島大水害の爪痕（上下とも）

「冗談言うな。起こしたらいいじゃないか」

これも現在ならあり得ない光景です。この事態に「寝ているから起こせない」という感覚など考えられません。

さらに職員は、自衛隊法に基づき派遣要請を行うには「公共性・緊急性・非代替性」の三要件に該当する必要がある、と言います。被害状況が不明なだけに緊急性と非代替性の判断がつきかねるというわけです。

「俺たちに状況が見えていないこと自体が大問題じゃないか。しかも現場は助けを求めているんだ。緊急事態に決まってるだろ」

そんなやりとりのうちに私たちが自衛隊への派遣要請を決心したところへ、西田健紀宝町長から絶妙のタイミングで派遣要請の電話が入りました。

知事公舎にいる知事に電話を入れて自衛隊派遣要請の了解を得たうえで、陸上自衛隊第三十三普通科連隊の鬼頭健司連隊長に電話をかけました。こうして派遣要請が正式に決定したのは四日朝の四時のことでした。

このように述べてくると、職員がいい加減で私がいかにもかっこよく振舞ったように見えるかもしれませんが、そう見えたとすればそれは私の筆力の無さゆえであって、そのとき職員は誰もが皆必死でした。ただ自衛隊の派遣要請に関しては、自衛隊派遣の三要件のことも何も知らなかった私がただ単に無鉄砲だったにすぎないのです。

とはいえ、それ以降三重県と自衛隊の関係は（これまでも良好でしたが）ますます親密になっていったように思います。私自身個人的にも、鬼頭健司連隊長の後任の古屋浩司連隊長、その後任の下本昭司連隊長とも親しくさせてもらいました。彼らはともに「防衛は防衛。防災は防災。どちらも自衛隊の重要な任務です。何でも言ってください」と言ってくれていました。いわゆる「顔の見える関係」がかなり構築できたと思っています。このことは松尾専門員も同様に感じていたようです。よく見ると、三人の連隊長の名前にはいずれも「司」の文字が含まれています。私の名前は司ですから、これも気が合う要素の一つだったのでしょうか。

さて、「紀伊半島大水害」に話を戻しましょう。

翌日、知事に呼ばれて私は知事室に行きました。

知事は「職員を現地に派遣したいが、どう思う？」と訊ねます。私は「東北に職員を派遣しているのに、県内に派遣しない方がおかしいでしょう」と答えました。

こうして職員派遣が始まり、その日から十二月二十二日までの間、延べ人・日数にして二千百六十八人・日の県職員が現地に派遣されることになりました。

それにしても、特に当初の一週間ほどはいつ倒れても不思議ではない状況でした。

私がそんな状態だったのですから、福本智一防災対策室長や片山達也危機管理総務室長はじめ職員たちは本当に大変だったと思います。

それだけに失敗もします。でもこれは責められません。

マスコミに配布する資料の数字を間違えたことがありました。そうするとマスコミからガンガン問い合わせが来る。それに対応していると肝心の災害対応ができなくなってしまう。それがまたミスにつながる、と完全に悪循環でした。

加えて、五日からは政府関係者が続々とやってきました。この調整のしんどさも半端ではありません。でもそのおかげで、異例なスピードで激甚災害の指定をしてもらえたわけですから文句は言えませんが。

五日には内閣府大臣政務官らの政府調査団がやってきました。六日には平野達男防災担当大臣、九日には野田佳彦内閣総理大臣がみえました…。

ところが、最初の数日間、私たちは現地へ一度も行っていません。言うまでもなく、そんな暇がなかったのです。私が現地に足を踏み入れたのは十日の土曜日になってからのことでした。

と、このときのことを語り始めるときりがありません。でも、災害の詳細をお話するのが本書の目的ではなく「俺たち県庁防災対策部」の仕事ぶりの一端をお伝えするのが目的ですから、その後、災害対策本部を閉鎖すると同時に「三重県紀伊半島大水害復旧・復興連絡会議」を設置したのが十二月十二日、県内の全ての避難所を閉鎖したのが平成二十四年一月二十一日だったということだけをお伝えし、「紀伊半島大水害」についてはこれぐらいにして次の話に移りたいと思います。

2　災害対策本部体制の見直し

三重県内に災害が発生するか、あるいは発生するおそれがある場合には、県庁内に災害対策本部が設置されます。同様に、該当する市町にも災害対策本部が設置されます。

設置時のイメージが沸くようにもう少し詳しく説明しますと、地震の場合は県内に震度5弱の地震が発生したとき、津波は三重県沿岸に津波警報または大津波警報が発表されたとき、風水害についていえば、暴風・暴風雨・大雨・大雪・洪水・高潮警報または特別警報が発表されたときに警戒体制をとることになっています（平成二十八年三月二十九日改定後の基準）。三重県ではこの警戒体制をとることがすなわち災害対策本部を設置することです。「三重県では」と言ったのは、本部を設置する基準は都道府県により異なっているからで、三重県はかなり早い段階で本部を設置している方だと思います。

そして警戒体制に入ると、昼夜を問わず、平日か土日かに関わりなく、配備体制表に従い部内から七人の職員が防災服に着替えて災害対策室に詰めるのです（この七人で一つの班を構成していて、災害の規模によっては複数班体制をとる場合もあります）。

これが初動時の体制です。

災害の規模が大きかったり長引いたりすると、この体制が、これからお話する全庁的体制へと移行していくことになるわけです。

県の災害対策本部の業務は、①県内の災害情報の収集、②災害応急対策を迅速・的確に実施するための方針決定とその方針に基づく応急対策の実施。ただし実際の応急対策は自衛隊・海保・県警・消防などの救助機関が行いますから、実施段階における県の立場としてはこれら機関との連絡調整が主な仕事になります（もちろん我が防災航空隊は救助機関とともに行動します）。③こうした連絡調整はＮＴＴや中部電力やテレビ局などの関係機関との関係においても同様に行います。一方、災害の規模や態様に応じて市町へ職員を派遣する場合もあります（これについては「派遣班」の説明のところで詳述します）。

しかし、これらのことが円滑に行えなかったのが「紀伊半島大水害」でした。特に全庁的な対応が必要になればなるほどうまくいきませんでした。必ずしも職員の経験不足だけが原因ではなかったのです。

大きな組織には付き物ですが、どうしても仕事が縦割りになりがちです。県庁もそうです。災害のような非常時にそんなことを言っている場合ではないのですが、「全庁的対応」というのは実際は「言うは易し行うは難し」でした。

そのことへの反省から、私たちは災害本部体制の見直しを検討することになりました。

平成二十三年の年の瀬も押し詰まった十二月二十七日、私と上村正典防災対策室副参事、海津正和同室主事、山本英樹危機管理総務室主査らは新潟県庁を（相手の迷惑も顧みず）訪れました。平成十六年の新潟県中越地震を契機に災害対策本部体制を縦割りから横割りの組織に改めた新潟県に学ぶためでした（ちなみに、このときの上村副参事はその後一旦部外へ転出しますが、平成二十七年四月に防災企画・地域支援課長として「俺たち県庁防災対策部」に返り咲くことになります）。

新潟県庁で学んだ事項は多々ありますが、新潟県の体制と三重県のそれとを比べ、自らの体制について感じた課題は次のとおりでした。

「現行の活動体制では、災害対応体制へ移行するための基準等が明確でなく、結果として、日常の業務体制から非日常の災害対応体制への切り替えが徹底できなかった。このことから、平時部局の業務を災害対応に即して再編成し、また災害時の活動体制を明確化することで、非日常の災害対応体制に移行するタイミングをわかりやすくする必要がある」

こうして私たちは、平時部局をまたぐ横断的な「部隊」、言い換えれば、日常から非日常へと明確に切り替わる組織を作り、これにより災害対応を実施することにしたのです。

全部隊の核となるのは「総括部隊」です。これは平時の防災対策部、戦略企画部、総務部、出納局の四部局から成り立っています。その中には「総括班」「情報班」「救助班」「派遣班」などの各班が置かれ、「総括班」が企画立案、「情報班」が情報収集、「救助班」が自衛隊・消防などの救助機関との調整、「派遣班」は市町への派遣体制を構築することになります。先に述べた初動体制の七人も実は、総括班、情報班などの役割をそれぞれ担っているのです。

部隊はこの他にも六つあり、そのうち例えば「社会基盤対策部隊」は県土整備部、農林水産部、環境生活部、企業庁の四部局で構成されています。なぜこの四部局なのか、その意義をわかりやすく説明しますと、例えば自衛隊が孤立地区へ向かおうとしたけれど道がわからなかったとします。県土整備部で県道・国道を確認しましたが寸断されていて全ての道が通行できません。ところが本当は林道が存在したのです。自衛隊はそのことを知らず「どんな道でも道さえあれば、俺たちは行けたのに」とあとになって悔しがりました…と、これとよく似た話が実際にありました。このとき仮に県土整備部と農林水産部が一つの組織だったなら、県道も林道も同時に確認できたかもしれません。この部隊構成の意義はそういうことなのです。

こうして各部局との侃々諤々の熱い議論を経てようやく作り上げた新体制ですが、三重県ではこれら各部隊の出番があるような大災害は未だ起きてはいません（もちろん起きてほしくはありませんが）。ですから、本当にこれが十分機能するかどうか、不明ですし不安です。

毎年訓練（図上訓練）を繰り返して検証はしています。しかしこの図上訓練も、いざというときに新体制を円滑に機能させるためとはいえ、全庁的なスケールの訓練ばかりを実施することが果たしていいかどうかとなると甚だ疑問です。毎年のように三重県を襲う台風などに対応するための体制（初動の七人体制）の訓練がより重要だとも思います。要するに、本来どちらの訓練も日頃から十分に積んでおく必要がある、ということなのでしょう。

この災害対策本部の新体制を作ったのは、前述のとおり平成二十三年度でした。そして二十三年度から二十四年度に向けて組織改正がありました。各部局の組織・人事の責任者は副部長ですので、「防災危機管理部」から「防災対策部」へと衣替えするときの組織作りは実は私が手がけました。私は、災害対策本部の新体制下では訓練がとても重要な位置を占めると考え、当時の防災対策室を災害対策課へと改める際、課の下に「防災訓練班」を置くことに決めました。私の発想は、日々訓練のあり方を研究し自らも訓練を実践して全庁的な訓練指導ができるような、そんな訓練のプロ集団を組織化したいというものでした。ところが結果は圧倒的な人員不足でした。私の組織・人事当局への人員増の要求は通りませんでした。私の力不足でした。それだけに、災害対策課防災訓練班に「日頃から十分な訓練を」と求めながらも、私は彼らには大変申し訳ない思いで一杯でした。

くどいですが、私は様々な種類の図上訓練を実施すべきと考えています。図上訓練はとても重要です。私のこの信念はどうやら日露戦争時に東郷平八郎連合艦隊司令長官の下で参謀を務めた秋山真之の影響を受けているようです。海軍大学校の教官のときも秋山はこの図上訓練をとても重視していました。

私たちは年に一度「自衛隊と三重県との防災連絡会議」を開催しています。陸上自衛隊第十師団長や第三十三普通科連隊長、横須賀からは海上自衛隊も参加してくれます。会議では、私の図上訓練重視という考え方に保松秀次郎前師団長も山本頼人現師団長も大いに共感してくれました。

そしてこの会議の日の夜には懇親会があります（もちろん自腹です）。そこで私は酒の肴に秋山真之の話をしたこともあります。こうした酒の席を好ましくないと言う方もみえるかもしれませんが、私は真逆で、こうした場は「顔の見える関係」を構築するのに不可欠だと考えています。古臭いと思われるかもしれませんが、一本の電話をかけたときに相手の顔がすぐに浮かび、「ああ、あいつの言うことなら少々厄介でも協力しよう」となる、そういう関係はとても大事です。自衛隊のみなさんとそうした関係を築くことで一人でも多くの県民のみなさんの命が守られるのであれば、これほどありがたいことはないと思います。無論、昼間は本気モードで議論します。呑むだけというのはさすがにいかがなものでしょうか。

また、不定期ながら海上保安庁ともこうした場を設けています。

訓練の話に戻りますが、私たちは実動訓練も実施しています。図上訓練が県庁内で行う机上の訓練なら、実動訓練は県庁の外で行う野外訓練です。

平成二十四年度に実施した「三重県・鈴鹿市総合防災訓練」から、それまでの実動訓練のやり方を改め、「劇場型」から「実践型」への転換を図りました。自衛隊・海上保安庁・警察・消防との連携訓練はこれまでも実施していましたが、これを、災害対策本部新体制の「救助班」との連携訓練へと一歩前進させました。また、住民参加による避難訓練や避難所運営訓練も併せて実施するようにしました。こうして、平成二十四年度は鈴鹿市に加えて鳥羽市で、平成二十五年度は熊野市・御浜町・紀宝町で、平成二十六年度は志摩市で、そして平成二十七年度は桑名市を中心に北勢地域において実動訓練を実施しています。ただし、「劇場型」から「実践型」への転換を図ることにしたのは私ですが、そうはいっても県が実施する大規模な実動訓練は多数の方にご覧いただくことになりますから、防災啓発の観点からもある程度は「劇場型」の要素が含まれていてもいいと私は思っています。

ここで、この災害対策本部の新体制が現実の災害対応に大きく効果を発揮している実例を一つ紹介しておきます。それは「派遣班」の活動です。

図上訓練の一コマ

実動訓練の一コマ

自衛隊と三重県との防災連絡会議の様子

近年の台風の発生状況を見ると、地球温暖化の影響を受けて台風は次第に巨大化し、勢力もますます強まる傾向にあります。平成二十三年の紀伊半島大水害以来、三重県では、翌二十四年の台風第十七号において一名の死者、二十五年の台風第十八号においても二名の死者と悲しい犠牲者を出しています。また、平成二十六年の台風第十一号では大雨特別警報が県内で初めて発表されました。さらに、平成二十七年の台風第十一号は紀伊半島大水害をもたらした平成二十三年の台風第十二号と似た動きを示していたため、私たちは災害対策本部で相当身構えていたものでした。

こうした中、私たちは毎年度全庁職員から百名ほどを「緊急派遣チーム」としてリストアップしており、派遣班がこのリストをもとに人選して現地への早め早めの職員派遣を実施することにしています。

「早め早め」と言いましたが、これは災害対応の基本原則で、プロアクティブの原則といいます。その中身は三つ。

①疑わしいときは行動せよ。

②最悪の事態を想定して行動せよ。

③空振りは許されるが、見逃しは許されない。

この原則に則り、被害発生のおそれありと判断したときは早め早めの行動をとるのです。その結果、何もなければＯＫです。被害がなかったのですから喜ぶべきです。骨折り損のくたびれ儲けどころか大儲けと考えるべきなのです。

この原則は何も行政や救助機関のためだけのものではありません。避難時の自主避難というのが正にそれです。読者のみなさんも、災害時には行政から言われなくても自らの判断で早め早めの行動をとるよう心掛けていただきたいと思います。

さて、私たちの早め早めの職員派遣についてですが、私たちは、とりわけ尾鷲・熊野など南部地域への被害が懸念されるときは、警戒体制に入る以前でも、つまり大雨警報が発表されずに注意報の段階でも職員を派遣することがよくありました。そうしないと道路が寸断されて行きたくても行けなくなることが考えられるからです。

平成二十四年度から二十七年度までに本庁から派遣した職員の数は六十名。一方、地域機関（地方部）からも派遣しており、その数も同じ六十名です。

この「派遣班」の活動は市町のみなさんに大変喜ばれています。

このようにして平成二十三年度に大きく見直しを行った災害対策本部体制ですが、その時点ではまだ絵に描いた餅でした。平成二十四年度に入ってこれに魂を込める役割を担ったのが、河合研災害対策担当次長でした。

平成二十三年度は部の次長級ポストといえば私が務めていた副部長しかありませんでしたが、三重県の災害対応力を充実・強化するため、平成二十四年度から副部長に加えてもう一人の次長級ポストが設置されることになりました。それが災害対策担当次長です。その初代として就任したのが河合次長でした。

河合次長は小柄な体格の、それに反して人一倍バイタリティ溢れる人物でした。精力的に仕事を進めるばかりか、部下職員の面倒見もよく、新米部長だった私にとっても最良の参謀役でした。二人でよく酒を呑みにも行きました。私が愚痴を言える相手も彼だけでした。職員は私たち二人のことを「名コンビ」と評していたようです。私にとっても部にとってもなくてはならない存在でした。

河合次長が着任して十か月近くが過ぎた平成二十五年一月十一日の金曜日、私は新年会の予定が入っていたため、珍しく定時に退庁することになりました。そんな私に河合次長が「部長、あんまり呑みすぎちゃダメですよ。三連休も仕事せずにゆっくり休んでくださいよ。部長が倒れたら、みんなが困るんですからね」と声をかけてきました。当時の私は平日も夜遅くまで働き、土日もほとんど仕事をしていました。河合次長はそんな私の健康を本気で気遣ってくれていました。彼が職員に「土日は部長に仕事をさせるな。少しは部長を休ませろ」と言っていたのを私はよく知っています。

図上訓練の反省会中の河合研災害対策担当次長（後方中央で腕組みをしている職員）。
その左隣が著者

「わかったよ」と言って彼と別れた翌日、私は、毎年恒例にしている伊勢神宮参拝に妻とともに出かけました。ちょうど外宮を歩いているときに胸の携帯電話が鳴りました。防災対策総務課の阪靖之課長補佐からでした。

「部長、河合次長が夕べ亡くなられました」

私にはその言葉の意味がすぐには理解できず、呆然とその場に立ち続けていました。河合次長は心臓に病を抱えており、それが夜中に突如発症したということでした。河合次長こそ無理をしていたのです。しかもその無理をさせていたのは誰あろう直属の上司である私でした。私は河合次長の奥さんに詫びました。

「仕事をしないように」と河合次長が私に言った三連休は彼自身の告別式になりました。

一月十五日の朝、職員を一堂に集め、あらためて私の口から河合次長の死をみんなに伝えることにしたのですが、話の途中からは涙で声になりませんでした。

私は（人は誰も信じてくれませんが）気の弱い臆病な人間です。だから部長就任以来、県議会で答弁したり、知事と何か難題について協議しなければならないときなどは、胸の中で「父ちゃん、母ちゃん、兄ちゃん、姉ちゃん、亜希子、万優子、美幸、助けてくれよ」と念じるのが癖になっていました。「父ちゃん、母ちゃん、兄ちゃん、姉ちゃん」は私の亡くなった家族で、亜希子と万優子は私の娘、美幸は私の妻です。そして河合次長が亡くなってからは、その最後にいつも「河合、守ってくれよ」と付け加えるようになりました。「部長は大丈夫ですよ」と河合次長が明るく勇気づけてくれるような気がしてなりませんでした。

私のこの癖は、私が退職するそのときまで続きました。

3　私のリーダー論

河合次長は私にとって最高の参謀でした。これは間違いありません。それに比べて私は彼にとって良き上司だったのかどうか。

リーダーとしてはどうだったのか…。

半藤一利氏の著書に「日本型リーダーはなぜ失敗するのか（文春新書）」という作品があります。その中で氏はリーダーの条件を六つ挙げています。

その一．最大の仕事は決断にあり。

その二．明確な目標を示せ。

その三．焦点に位置せよ。

その四．情報は確実に捉えよ。

その五．規格化された理論にすがるな。

その六．部下には最大限の任務の遂行を求めよ。

私はこれを目標にしてきました。計画を策定するにおいても、その中身を実践するにおいても、災害対策活動を行うにおいても、常にこのことを念頭に置いてきました。いちいちその一はどう、その二はどう、などとチェックしていたわけではありませんが、知らず知らずにこの条件を満足できるよう行動してきたつもりです。

かっこいいことを言うな、と怒られるかもしれませんが、条件のその一とその二にあるように、とにかく早い決断と明確な指示を心掛けました。こうしないと職員はたまったものではありません。コンパスのない船に乗せられているようなものですから。

その四、その五にあるとおり、情報は大切にしましたが、一方で職員には既成概念に捕われない自由な発想を求めましたし、自分自身もそうしてきたつもりです。

六つの条件のうち一番大切な条件はその三だと私は思っています。そしてこの条件を貫くには相当な覚悟が必要です。

焦点に位置する。それは、常に問題の渦中にあって常に私自身が責任を負える状況に身を置くことを意味しています。

情けない話ですが、面倒なことは職員に任せて自分自身はこっそり逃げ出したくなることはあるものです。厄介な問題については、命令は出すものの自分自身は手を染めない。こんな上司も案外多いような気がします。なぜなら、私自身そうしたいと思ったことが何度かあるからです。

それでも私がそうした思いを抑えてリーダーとして振舞うことができていたとすれば、それは自分が強い人間だったからではなく、職員が自分を見ていることを意識したからだと思います。

職員はリーダーの行動をよく見ています。だから万一リーダーが逃げ出してしまったら、職員のモチベーションは一気に下がってしまいます。それは組織の死を意味すると言っても過言ではないと私は思います。

それだけに臆病者の私は精一杯気を張って焦点に位置しようと努力したつもりです。現実はどうだったか、私には判定できません。その答えは職員だけが知っているのでしょう。

その六を貫くのも、実は私には結構勇気が要ることでした。

「三重県新地震・津波対策行動計画」の「中間案」を没にして厳しい注文を出したほどの私ですから、職員には高いハードルを示してそれを乗り越えることを要求してきたのだろうと思います。

ただ、こうしたことも部長一年目の年はなかなかできませんでした。正直言って、厳しいことを命じて職員から見放されるのが怖かったのです。しかし途中からその考え方こそ甘いということに気がつきました。

リーダーが自分自身の保身を考えたとき、このときもやはり組織は死ぬでしょう。高いハードルを示さなければ仕事にならないのなら示せばいいのです。そこで妙な妥協をしてはいけないのです。たとえそのことで自分自身が嫌われたとしても、組織の方が大切です。組織の死は職員をも殺してしまうことになりかねませんし、何より私の組織は県民のみなさんの安全・安心を守るために存在する部局なのです。ですから、組織の死は県民の危機にもつながります。さらにいえば、厳しい命令を下しても見放されないための努力を普段から行っておくべきです。それがリーダーです。私自身がどうだったか、これもやはり職員だけがその答えを持っているのだろうと思います。

さてここで、これらの条件をすべて身に付け、私が手本としている一人のリーダーを紹介したいと思います。

かなり古い話になりますが、読者のみなさんは、一九六〇年代にアメリカで大ヒットし、日本でもお馴染みだったテレビドラマ「コンバット」というのをご存知でしょうか。第二次世界大戦のヨーロッパを舞台に闘うアメリカ陸軍第三六一歩兵連隊の姿を描いた物語です。このドラマの主人公、サンダース軍曹が、私が手本とするリーダーであり、先に掲げた六つの条件をすべて満たしている人物です。部下には常にベストを尽くすことを求め、ときには厳しく叱咤しますが、その陰で常に真っ先に自分自身が危険に身をさらし、部下の命を守ろうとする責任感とやさしさを兼ね備えた人物です。

私は自分自身が挫けそうになったときはこの「コンバット」のDVDを見てサンダース軍曹に学んでいました。これは冗談ではなく本当の話です。

ともあれ、私は三重県民のみなさんの安全・安心を守る「俺たち県庁防災対策部」のリーダーであるという自覚を持って仕事をしてきたつもりです。俺たちが守るっきゃない、との思いでやってきたつもりです。

ただ唯一、河合研災害対策担当次長の命を守ることができなかったことが悔やまれてなりません。せめて一年に一度河合家を訪ね、仏壇に手を合わせる。今となって私にできることはそれしかありません。

4　三重県新風水害対策行動計画の策定

「三重県新地震・津波対策行動計画」を公表したのが平成二十六年三月二十四日。その直後から「三重県新風水害対策行動計画」の策定作業が始まりました。担当は引き続き防災企画・地域支援課の森主幹です。その時点で私は、「三重県新地震・津波対策行動計画」との違いを鮮明にする必要性と、その反面、地震・津波対策と風水害対策にはラップする項目が多くなるのは当然だからその点も考慮のうえ整理するように指示していました。

ところがその後なかなか素案らしきものができあがってきません。そこで私は六月二十二日、膨大な文字数から成るメールを森主幹はじめ関係職員に送付して具体的な指示を与えました。

その中で私が書いた一つに、計画策定のための三つのポイント、というのがあります。これはこの計画策定段階で初めて私が語ったことではなく、日頃からの私の持論ですが、それを留め直したわけです。

まず①ストーリー性。どんな対策にも当然それを打ち出すだけの背景や理由がありま す。それがストーリー。それなくして行政の施策はありません。

②論理的かつ情緒的な説得力。行政の説明にロジックが必要なのは当たり前だとしても、「情緒」って何？　というのが最初の頃の職員たちの反応でした。行政の計画であっても読者が存在する以上は無味乾燥な書きぶりはダメ、というのが私の考え方です。とりわけ私たちがまとめようとしている防災に関する諸々の計画は、市町や県民のみなさんに強く訴えかけるべき重要な計画ですから、それだけに熱く語りかける必要があると私は主張しました。

そして③一定のボリューム。「三重県新地震・津波対策行動計画」がボリューム感たっぷりのものだっただけに質量ともに同様のボリュームが必要になると考えました。

しかしそれでもやはり、なかなか素案ができあがってきません。実はこれには特別な事情がありました。地震・津波対策の前提には地震被害想定がありましたが、風水害対策にはそうした前提がありません。そこで私たちは、平成二十五年度中に風水害基礎調査という調査を実施して過去の事例検証を行うことにしていました。しかし、それが二十六年度になってもまとまらなかったのです。そのこともあって、風水害対策ならではの（地震・津波対策とは異なる）課題整理もできないままに森主幹も悶々としていたのではなかったかと思います。

そうこうしているうちに「平成二十六年八月豪雨」の発生です。三重県では大雨特別警報、広島市では土砂災害により七十四名の死者が出てしまいました。しかもこの八月豪雨に関しては私から災害対策課に対してしっかりと検証するよう指示を出したところでした。

私はこれしかないと思いました。

私は防災企画・地域支援課に、風水害基礎調査はなかったものとして「紀伊半島大水害」と「平成二十六年八月豪雨」の検証をベースに論を組み立てるよう命じるとともに、風水害の特徴を、台風のように「発災までに時間的余裕のある風水害」と、竜巻や集中豪雨のように「発災までに時間的余裕のない風水害」の二つに区分してそれぞれに応じた対策を立てることにしようと提案しました。

何だか「三重県新地震・津波対策行動計画」のときに「中間案」を忘れろと命じたのと似たような状況になってしまいました。違っていたのは、完成予定の年度末までにもう半年しか時間がない、ということだったでしょうか。

しかし森主幹らは、方向性が明らかになりかえって腹が決まったのかもしれません。

その証拠に、その後の彼らの作業ぶりは驚くべき猛スピードでした。森主幹から素案を見せられたとき、たしか私は彼をベタほめしたような記憶があります。

九月の県議会で議員から風水害対策について問われ、鈴木知事はこう答えました。「風水害対策の特徴を押さえ、発災までに時間的余裕のある風水害に対してはタイムラインの導入など『公助』を中心に対策を講じていく。一方、時間的余裕のない風水害に対しては『公助』が間に合わないことも考えられるため『自助』『共助』の取組を重視したい。そのためには、県民に地域で起こりうる風水害リスクを知っていただきそれを行動に結び付けていくための対策や、地域の組織力（消防団や自主防災組織）を重視した新たな人づくりの対策を進めていく。合わせて、時間的余裕の有無に関わらず、土砂災害対策・洪水対策についてハード・ソフトの両面から取り組んでいく」

これが「三重県新風水害対策行動計画」のいわばエッセンスです。

こうして私たちは、平成二十七年三月十八日、風水害に関する新たな行動計画を公表しました。計画の実施期間は平成二十七年度から二十九年度までの三年間です。最終年度を「三重県新地震・津波対策行動計画」と揃えることにしました。そして、この計画にも「三重県新地震・津波対策動計画」と同様「新」と冠をかぶせました。それについては計画書の序文を一部引用することで説明に代えたいと思います。

近年、風水害はその様相を変えながら、年々厳しさを増しており、それだけに、これまでの対策では十分な対応が困難となってきているのではないか、そうした実感を抱いています。

そこで、この「三重県新風水害対策行動計画」は、「新」という一文字に、新たな行動計画を通じてこの困難な局面を切り拓いていく、という強い思いを込めて策定しました。

この計画も「三重県新地震・津波対策行動計画」と同じく私たちの自信作です。「防災みえ．ｊｐ」でご覧いただけますので、ぜひこれも目を通してみてください。

さてここで、知事答弁に登場した「タイムライン」について簡単に解説しておきます。タイムラインは、「発災前から関係機関が実施すべきことをあらかじめ時系列にプログラム化したもの」とか「時間軸に沿った防災行動計画」などと訳されて紹介されることが多いようです。

アメリカにおいて、平成二十三年に起きたハリケーン・アイリーン被害の検証をふまえ、平成二十四年十月のハリケーン・サンディのニュージャージー州への上陸時に初めて発動されたのが、このタイムラインでした。ハリケーン上陸予想時刻をゼロ

三重県新風水害対策行動計画

アワーとし、ゼロアワーから七十二時間前に州知事が緊急事態宣言を発し、四十八時間前に郡と市が避難所準備、三十六時間前に州知事が避難勧告発令と避難所開設、二十四時間前に公共輸送機関の停止などの措置をとりました。

このアメリカの事例をふまえ、三重県の紀宝町が平成二十五年十月からタイムラインの導入に着手し、二百以上の事前行動項目を整理しました。各種施設や設備の点検、高齢者や障がい者など災害時要援護者の誘導方法の確認、消防団による注意喚起の実施、避難所開設準備などです。その後、台風接近のたびに検証を重ねてその都度大いに効果を発揮していると聞いています。

三重県では、こうした先進事例を参考に、災害対策本部による災害対応を中心として、台風接近時の直前の時間帯において「誰が」「いつ」「何をするのか」といった事前行動を時系列にまとめた「三重県版タイムライン」を策定することにしました。「三重県新風水害対策行動計画」には「平成二十九年度末策定完了」との数値目標を掲げています。

平成二十八年三月、国土交通省中部地方整備局が、伊勢湾台風を超える超大型台風が襲来すると最大死者数は二千四百人に達する、との想定をまとめました。こうした超大型台風から県民のみなさんの命を確実に守ることができるよう、後輩たちには実効性ある質の高いタイムラインを策定してもらいたいと思います。

次にもう一つ、これからの災害対策活動に大きく影響する「三重県防災情報プラットフォーム」について紹介しておきます。

現在すでに三重県には災害情報システムがありますが、これを新システムに構築し直す作業を進めています。担当は、防災対策総務課情報通信班の森仁志副参事兼班長と長井新主査です。この新しいプラットフォームでは、災害対策本部で収集した情報をＧＩＳ（地理空間情報システム）を活用して地図上で表示したり、一覧表やグラフに整理して可視化することにより、迅速な被害情報の把握が可能になります。また、市町や関係機関との情報共有や県民のみなさんへのより確実な情報提供も可能になります。「三重県新風水害対策行動計画」には「平成二十九年度運用開始」として数値目標に掲げました。

三重県版タイムラインも三重県防災情報プラットフォームもともに、完成すれば三重県の災害対策活動はさらに前進するでしょう。県民のみなさんの安全・安心に大きく貢献できると私は確信しています。

とにもかくにも、「俺たち県庁防災対策部」は三重県民を守るっきゃないのです。

後輩の頑張りに期待したいと思います。

第４章

助け合うっきゃない！　～「共助」の取組～

1　みえ防災・減災センターの設立

防災対策部では平成十六年度から「みえ防災コーディネーター育成講座」という「防災人材（防災活動に主体的に携わる人）」を育成するための研修講座を開講しています。私が赴任する七年前からです。

みえ防災コーディネーターとは、受講生募集案内によれば「平常時は地域や企業等で自主的に防災啓発活動などを行い、災害時は公的な組織と協働して、復旧・復興活動への支援を担う、意欲・知識・技能を有する人材」と定義されており、一定の講座（平成二十七年度は八月から十一月のうち十日間の土・日曜日に二十四講座を開講しました）を受講していただいた方に三重県がその資格を授与する仕組みとなっています。私が赴任したときはすでに三百五十二名ものみえ防災コーディネーターが巣立っていました。

一方、地元の三重大学にも、平成二十一年度から「三重のさきもり（これも同じく『防災人材』）」を育成する目的で「三重さきもり塾（現在は『みえ防災塾』）」という研修講座が開講されています。

私はこれらの研修講座のことがその後もずっと頭の片隅に引っ掛かっていました。引っ掛かるというのは、一つは、みえ防災コーディネーターと三重のさきもりという類似の研修講座をなぜ三重県と三重大学が別々に実施しているのか、ということ。もう一つは、多くの卒業生を輩出している割には彼らの活躍ぶりがあまり見えてこないのはなぜか。フォローアップをきちんと行い、開講の目的どおり彼らに地域や企業等で活躍してもらうための仕組みづくりが必要なのではないか、という疑問でした。

もちろん、卒業生の中には独自に地域で活躍してくれている方々もいます。でも、その割合は卒業生全体からみれば決して多くはないように思います。受講した方が自らの防災意識を高めて自らの防災のためにそれを活かすということも大事ですが、この講座の目的はそれで終わりではなかったはずです。

防災人材の育成はどうあるべきか？

三重大学との関係は？

そんな話を職員とよくしました。

そのうち話題が発展して、「三重大学には防災を研究して論文を発表している研究者も結構いるじゃないか。でも俺たちは詳細をよく知らないな」、さらに「県内には俺たちの知らないところで俺たち以上に防災に取り組んでいる人がいるかもしれない。そういう人々と協力し合えたら、三重県の防災・減災対策はもっと前進するんじゃないか」と広がっていきます。

一方、我が身を振り返れば、つまり県庁内の組織を見渡せば、防災対策部以外にも、県土整備部は防潮堤の整備や河川改修などの防災・減災に関わるハード事業、健康福祉部は災害医療、教育委員会は防災教育など、それぞれ取り組んではいますが、これら部局の間に真の意味での連携は取れているのでしょうか。ここでも縦割りの弊害が顔を出しているのではないでしょうか。

議論は尽きません。

そして話は、これまでのように三重県と三重大学が別々に（悪く言えば「勝手に」）事業を実施するのではなく、両者が一つになり県内外の様々な知恵をそこに結集させて防災・減災対策を推進する、県庁の関係各部もそこに集結する、そんな新たな組織を立ち上げようじゃないか、ということに落ち着きました。

こうして三重大学と協議のうえ、平成二十六年度当初予算において創設することになったのが「みえ防災・減災センター」です。センターといっても箱モノがあるわけではありません。体制のことをいいます。ただし事務局は三重大学の一角に整備することにしました。

初代センター長には三重大学の吉岡基副学長。副センター長には、三重県側が防災対策部長つまり私、大学側からは畑中重光工学研究科教授が就くことになりました。予算は基本的に折半（ただし県側も大学側も毎年度それぞれの予算交渉が必要になります）。事業内容はセンターの運営委員会で決定することとし、運営委員長には防災対策部長を充てることにしました。事業は次のとおり四つの分野に分け、六つのグループにグループ長を置いて推進します。

人材育成・活用分野（みえ防災塾グループ・専門講座グループ）

地域・企業支援分野（地域・企業支援グループ）

情報収集・啓発分野（情報収集グループ・啓発グループ）

調査・研究分野（調査・研究グループ）

そして平成二十六年四月十八日、三重大学において鈴木英敬三重県知事と内田淳三重大学学長の出席のもと「みえ防災・減災センター」の開所式が挙行されることになりました。

と、こんな風に振り返ると、順風満帆の船出に見えるかもしれませんが、なかなかそうはいきませんでした。設立後も難破しそうなことがよくありました。大学の先生と私たち行政マンとの基本的なスタンスの違い、というか、人材育成一つをみても、教えることに意義を見出す立場と教えられた人を活かすことに意義を見出す立場の違いがあったり、調査・研究についていえば、基礎的研究に時間をかけようとする研究者と早期に答えを出したい私たち、というように、わかり合えそうでわかり合えない部分が結構あり、その都度口角泡を飛ばして議論しなければなりませんでした。

そんなときの面倒な調整役を買って出てくれたのが日沖正人災害対策担当次長でした。日沖次長は亡くなった河合研次長の後任次長です。

河合次長が亡くなった直後、鈴木知事が私に「急ぎ後任次長を決めましょう」と言ってくれました。当時私の配下にはもう一人の次長級ポストとして総務省から出向してきた三十代の若い副部長がいましたが、組織・人事を含め部全体を仕切る役目はさすがにその若さでは荷が重過ぎました。しかも過酷な職場として名高い「俺たち県庁防災対策部」の副部長なのです。

時期は平成二十五年の一月。これから年度末にかけて仕事はますます厳しくなるの

平成26年4月に行われた「みえ防災・減災センター」開所式（左端が著者。その隣が鈴木英敬三重県知事）

がわかっていました。知事の言葉に飛びつきたい思いでしたが、そんな時期に私が次長級の職員を引き抜いてしまったら、引き抜かれた部局はたまったものではありません。

そこで私は答えました。

「要りません。残り二か月半はこのままで頑張ります。ただし四月の人事は私の意見を聞いてもらえませんか」

「わかりました。次長の人選と合わせて副部長も考えておいてください」

こうして私が目を付けた人物が日沖次長でした。副部長には三重県職員研修センターの濱口尚紀所長に来てもらうことにしました。その後この二人は、私が期待した以上に私をしっかりと支えてくれることになりました。

そしてこの二年間、紆余曲折を経ながらも、「みえ防災・減災センター」は様々な事業を展開してきました。

人材育成・活用分野では、新たに市町防災担当職員講座を開設して市町から歓迎されました。そして何よりの成果は「みえ防災人材バンク」の創設です。みえ防災コーディネーターの中から自薦によりバンクに登録してもらい、将来はこの方々に部の防災技術専門員や防災技術指導員に代わり県内各地を指導してもらうことをめざしています。そのためのフォローアップ研修も実施します。バンクへの登録者数は百二十四名となっています（平成二十八年三月三十一日現在）。

地域・企業支援分野では、センターに相談窓口を設け、企業ＯＢの方にアドバイザーとして就任いただきました。

情報収集・啓発分野では、「みえ防災・減災アーカイブ」というホームページを立ち上げ、昭和東南海地震、伊勢湾台風などの体験者による体験談を映像で記録することにしました。今後もさらにコンテンツを充実させていきます。

調査・研究分野では、南海トラフ地震に関する研究に一つの成果が見られました（これについては「補章　伊勢志摩サミット」で詳述します）。

ともあれ、この「みえ防災・減災センター」に関しては、設立から運営に至るまで、日沖正人次長はじめ防災企画・地域支援課の加太竜一課長と後任の上村正典課長、若林直樹課長補佐、竹村茂也班長など、みんなよくやってくれたと思います。センター事務局に駐在させた西口智也主査と河村孝祐主査の両人はとりわけよく頑張ってくれました。

そうしたみんなの努力のおかげで、平成二十八年三月、私たちは嬉しい瞬間を迎えることになりました。

平成二十六年七月、国土強靭化担当大臣諮問機関「ナショナル・レジリエンス懇談会」の結果をふまえ、国土強靭化政策を側面から支援するための団体として一般社団法人レジリエンスジャパン推進協議会(会長は日本電信電話株式会社の三浦惺取締役会長)が設立されました。この推進協議会が、国土強靭化に向けた国内の優秀な取組に対してジャパン・レジリエンスアワード(強靭化大賞)という賞を授与する事業を展開しています。その第二回目のジャパン・レジリエンスアワード2016において私たちの「みえ防災・減災センター」が特別顧問賞・二階俊博(国土強靭化提唱者)賞を受賞する栄誉に輝いたのです。

三月十五日に東京の丸ビルホールで開催された表彰式には私と日沖次長が出席しました。二階衆議院議員から表彰を受けた私は受賞後のコメントでこう言いました。

「この受賞を機に、よりレジリエンスな三重作りに向けて努力していきたい」

レジリエンスの日本語訳は文字どおり「強靭」ですが、そこには「しなやかな復元力」といった意味合いが込められています。私の後輩たちが三重大学だけでなく県内全てのみなさんと助け合いながら、どんな災害にもしなやかに対応できる三重県を構築していってくれることを大いに期待しています。

平成28年3月15日に開催された「ジャパン・レジリエンスアワード2016」表彰式（左が二階俊博衆議院議員。右が著者）

2　災害時要援護者対策

東日本大震災では、聴覚障がい者、視覚障がい者、肢体不自由者など障がいを持つ方の死亡率は全体の死亡率の約二倍、との調査結果が報告されています。

自然は弱い者いじめをするのです。

震災後の平成二十五年六月に災害対策基本法が改正され、それまで使われていた「災害時要援護者」の用語に代えて、高齢者、障がい者、乳幼児その他の特に配慮を要する人を「要配慮者」、そのうち、災害が発生し、または発生するおそれがある場合に自ら避難することが困難な者で、その円滑かつ迅速な避難の確保を図るため特に支援を要する者を「避難行動要支援者」と呼ぶこととなりました。

国がこのような整理をしたい気持ちもわからないではありません。しかし、ここまでの厳密さを必要とするか、との疑問も感じます。例えば障がい者についていえば、障がいをお持ちで特に配慮を要する方なら避難行動においてもやはり何らかの支援は必要なのではないでしょうか。もちろん、障がいの態様は様々であり、障がいの程度においても、ほとんど支援を必要としない方、支援なくして災害対応など絶対に不可能な方など様々であることも理解しています。さらにいえば、絶対に不可能な人でも、最低限の「自助」努力を怠ってはならないとも考えています。

第3章で「三重県の実動訓練において住民参加による避難訓練や避難所運営訓練も併せて実施するようにした」と述べましたが、その際いつも障がい者の方にも参加していただくよう呼びかけてきました。

平成二十四年度に鈴鹿市で実施した訓練に全盲の女性が参加してくれました。訓練終了後、彼女が言いました。

「今回、いつもと違う方に誘導してもらいました。災害時には、初めての方にも勇気を出して誘導をお願いすることが必要と感じました。参加してよかったです」

胸が痛くなりました。彼女が勇気を振り絞らなくてもいいようにするのが私たちの務めだったはずです。三重県はこれまでそうした努力を怠っていたような気がしました。

平成二十六年度に志摩市で訓練を実施した際、「ＪＩＮＲＩＫＩ」と呼ばれる牽引装置を取り付けた数台の車椅子で障がい者の方や高齢者の方を高台まで避難させるという場面がありました。そのとき地域の方が足の不自由な障がい者の方に「玄関までは這って来なあかんで。それがあんたの自助やからな」と声をかけておられました。先ほどの「最低限の自助努力」というのは、こういうことを述べたつもりです。

「三重県新地震・津波対策行動計画」や「三重県新風水害対策行動計画」を策定する際に審議いただいた「防災・減災対策検討会議」の委員の一人に松田愼二さんという方がみえます。松田さんは、障がい者が施設や病院ではなく当たり前に地域で自立した生活を営むために必要な事業や支援を行うための組織として、平成十九年九月に「特定非営利活動法人ピアサポートみえ」を設立してその理事長を務めておられます。自らも重度の脳性麻痺である松田さんの検討会議における発言が忘れられません。

「支援者なしに自らの命を守る術がない障がい者にとっての最大の自助は『助けて』と訴えることとです」

要するに私が言いたいのは、「要配慮者」とか「避難行動要支援者」などの言葉の使い分けなどどうでもよく、何と言っても障がい者の方ができる「自助」に限界があることは紛れもない事実なのです。だから、あえて用語を代えなくても使いなれた用語でいいじゃないか、と言いたかったわけです。そんなわけで、私たちの計画では「災害時要援護者」という用語を使い続けています。大切なのは、厳密な用語の使い分け

三重県・志摩市総合防災訓練において牽引装置「JINRIKI」を取り付けた車椅子を引く鈴木英敬三重県知事（前方）と著者（後方）

ではなく具体的対策の中身です。

ここで、災害時要援護者対策のうち障がい者に絞って私の考え方を話してみたいと思います。障がい者、健常者、という用語も決して好きではありませんが、この際それは無視してお話しします。

仮にある障がい者の方が通常なら1・0の力が出せるのに0・6の力しか発揮できなかったとします。だとしたら、健常者が1・4の力を出して、二人で2・0の力が出せれば、生活も仕事もうまくいく。社会はうまくいく。ずっとそのように考えてきました。世の中そんな単純なものではない、と反論されたとしても、私は今後もやはりこのように言い続けるでしょう。

平成十八年度、私は三重県人事委員会事務局に人事監（他県における事務局次長のポスト）として勤めていました。三年目になっていましたから、おそらく次の年度は異動だったと思います。

県職員の採用試験は人事委員会の所管で、身体障がい者の採用選考試験も扱っていました。

その年の身体障がい者採用選考試験（一名採用）に、多数の障がい者に交じって肢体不自由で言語障がいの重度障害を持った車椅子の女性が試験を受けに来ていました。三重大学教育学部に在籍する大学生でした。

そのときの主席面接官は私です。

筆記試験は受験生全員の中で最高点。面接試験も、言語は不自由ながら一生懸命話す態度に好感が持てましたし、内容が実にしっかりしていましたので、私は文句なしの最高点を付けました。他の二名の面接官も高得点でした。その結果、彼女はダントツのトップ合格となりました。ところが採用者の一名を決定する段階で人事課からNOの回答です（採用権限は人事課にあり、必ずしも一位の合格者を採用しなければならないわけではありません）。理由を訊ねると、彼女に適した配属先がない、とのこと。

私は怒りました。

「身体障がい者の採用選考試験をしておいて、その結果、身体障がいを理由に不採用ってか。ふざけるな」

「こっちも好きで言ってるわけじゃないんだ。真剣に配属先を考えたさ。それでも見つからないんだよ。だから今回は…」

人事課の苦悩は私にも理解できました。だからといって…。

「待ってくれ。今回ダメなら来年もダメってことじゃないか。だったら俺のところへ寄こしてくれよ。そして来年度も俺を人事委員会に残してくれ。彼女がどこへ行ってもちゃんと働けるように、俺が一年間かけて彼女を鍛えるから。頼むよ」

「管理職の人事と新採の人事を天秤にかけられるわけがないじゃないか。馬鹿なことを言わないでくれ」

「馬鹿なことを言ってるのはどっちだ。一位で合格したんだぞ、彼女は。それなのに不採用か。こんな形で彼女の人生を俺たちが握りつぶしてしまっていいのか。そもそも何のための身体障がい者採用選考試験だ。だったら、こんな試験なんかやめてしまえ」

そして彼女は採用になり、人事委員会事務局への配属が決まりました。私も留任になりました。

私と彼女の二人三脚の日々の始まりです。

津駅で待ち合わせて職場までの道のりを私が彼女の車椅子を押して歩く。途中、彼女といろんな会話をする。勤務時間中は職員みんなで彼女を支える。

勤務が終わると、私はときどき彼女を食事に連れて行きました。ここでもまた、仕事や人生のこと、いろんな話をしました。

二人で2・0でした。

一年後、私が人事委員会事務局を去ったのちも私たちは会っていました。その後私自身の多忙もあって疎遠になりましたが、その間に彼女は結婚して子供も生まれました。

現在、彼女は母として県職員として一生懸命自分自身の人生を生きています。

私は彼女によく言いました。

「お前は運が悪いと思う。でも、運の善し悪しと運の強さ弱さは別問題だ。お前は、運は悪いけどきっとすごく運が強いんだ。だからお前はこれからも大丈夫だ。きっと幸せになる」

彼女は旧姓を東谷瞳、現在は田中瞳といいます。その瞳ちゃん（私は彼女のことをこう呼んでいます）が、第１章で紹介した平成二十八年三月五日の「東日本大震災五年　復興・交流イベント　若い力がつなぐメッセージ」の客席に来ていたということをあとになって知りました。パネルディスカッションで私が話すのを聞いてくれていたようです。

私が県庁を退職するとき、久しぶりに会った彼女が退職祝いとともに一通の手紙を私にくれました。不自由な手で四枚もの便せんに綴られた中にこうありました。

「昔と変わらない熱いお話に心を打たれ、何だか涙が溢れました。」

それを読んで私も涙が零れました。

私は講演で防災人材の心構えについて語るとき「防災は、覚悟と辛抱強さ」だと言います。これは第3章の「私のリーダー論」に通ずる話だと思いますが、その際よく、寺田寅彦の「天災は忘れた頃に来る」と山本五十六の「百年兵を養うは、一日の用にあてるためだ。もしこの命令の実施が不可能な者は、ただちに辞表を出せ」の言葉を引き合いに出します。

そして私は「でも、それ以上に必要な心構えはこれです」と付け加えます。「防災は、思いやりとやさしさ」です、と。

これは防災・減災対策に携わる者にとって絶対に必要な条件だと私は思います。

このとき私が引用するのは、インドの父マハトマ・ガンジーのこの言葉です。「西洋で言われてきた『最大多数の最大幸福』という考え方を私は認めない。なぜなら、その考え方は少数の人が犠牲になることを前提としているからだ。私が目指す最大の幸福とは全ての人が幸せになることである。」

私はこの言葉を照れも衒いもなく本気で伝えます。

どんなに理想主義だと言われても、この思いにならなければ災害時要援護者対策などできないと思います。東北の避難所では声の大きな者が平気で邪魔だとばかりに障がい者の方を避難所から追い出した、という事例もあったと耳にしました。自然が弱い者いじめをするどころか強い立場の人間が弱い立場の人間をいじめたのです。南海トラフ地震が発生したとき、この三重県でそんなことがあってはなりません。

みんなで助け合って「二人で２・０」をめざす。そうした対策を考えたいと思ってやってきました。

市町で個別支援計画作りが進むよう、「みえ防災・減災センター」の市町防災担当職員講座に千葉市総務局の職員を講師として招き「避難行動要支援者名簿の作成に関する先進事例紹介」と題して講義をしてもらいました。「ＭＹまっぷラン」の個人別避難計画も、そもそもの目的は災害時要援護者の避難体制を地域で構築することにありました（まだまだそのレベルには達していませんが）。

三重大学では医学部看護学科の磯和勅子教授が、平成二十七年度の一年間をかけて、熊野市と中部電力三重支店の協力を得ながら熊野市の特別養護老人ホーム「たちばな園」において福祉避難所運営支援事業（災害時に福祉避難所の運営が円滑に行われるようにするためのモデル事業）を実施しています。三重県ではこうした取組を支援するため、平成二十八年度から「地域減災力強化推進補助金」に、福祉避難所のための段差解消、障がい者トイレ等の設置、車椅子や歩行器の購入などへの補助メニューを新たに加えることにしています。

また民間においても、先ほどチラリと登場しましたが、株式会社ＪＩＮＲＩＫＩが社名と同じ名前の「牽引式車椅子補助装置ＪＩＮＲＩＫＩ」を、手づくり工房ワーイワイというグループが「かけモック」という名の災害時要援護者のための緊急搬送用具をそれぞれ開発しています。そして市町がこれを導入しようとする場合、三重県はやはり「地域減災力強化推進補助金」により財政支援することにしています。

このようにいろんな取組を実施してもどうしても決定打がない。災害時要援護者を支援する体制が整備できないことに、私は苛立ちを感じていました。そうした中で思いついたのが、これからお話する「ちから・いのち・きずなプロジェクト」でした。

3　ちから・いのち・きずな　プロジェクト

この事業は、必ずしも災害時要援護者対策のためだけの取組ではありません。しかし、私がこの事業を思いついた、その発想の原点はそこにありました。ですがそのことを言う前に、地域が一つのまとまりをもって災害対応にあたることができるような

「共助」の仕組みづくり、その必要性、という観点からお話をしたいと思います。

第3章で「発災までに時間的余裕のある風水害」と「発災までに時間的余裕のない風水害」の話をしましたが、そのことを風水害だけでなく地震も含めてここでもう一度おさらいをすることから始めます。

自然災害には、発災までに時間的余裕のある台風などとは異なり、竜巻や集中豪雨のように発災までに時間的余裕のないものがあります。地震も当然、発災までに時間的余裕のない方の分類に入ります。

そして、時間的余裕のない突発的な災害に対しては「公助」による速やかな対応がなかなか困難なため、「自助」「共助」の果たす役割が非常に重要になってきます。とはいえ、みなさん一人ひとりの防災意識が十分醸成されていない中では「自助」もうまく機能しないかもしれません（「防災意識」については「第5章　やるっきゃない！」で詳しくお話しします）。そこで地域には、地域が一つのまとまりをもって災害対応にあたることができるような「共助」の仕組みが必要になってくるのです。

その重要な担い手となるのが「消防団」であり「自主防災組織」である、と私は考えました。

ところが…。

地域には古くから消防団が存在します。昭和二十二年、消防団勅令が発令されて戦前の警防団が消防団として復活。昭和二十三年に消防組織法が公布されて消防団は地方公共団体に附属する消防機関となりました。しかし、これほど歴史のある消防団にもかかわらず、三重県の地域防災計画では消防団を重く取り扱ってきませんでした。そのことを「防災・減災対策検討会議」の委員の一人である新谷琴江さんから指摘されたのは、たしか「三重県新地震・津波対策行動計画」の議論の場においてのことだったと思います。新谷さんは伊勢市消防団の副団長です。

そして、私たちは三重県地域防災計画を抜本的に見直す中で消防団を防災対策の重要な担い手としてあらためて明記することにしました。

一方、地域には自主防災組織も存在します。明確な法的位置づけのなかった自主防災組織ですが、昭和三十六年十一月、伊勢湾台風の被害を受けて災害対策基本法が制定されて以降「自主防災組織」の名が公文書に初登場することになります。そして、平成七年一月の阪神・淡路大震災をふまえて改正された災害対策基本法において初めて、「自主防災組織の育成」が行政の責務の一つとして明記されることになりました。ただしその位置づけは、公的団体である消防団とは異なり、自主防災組織はあくまで任意の団体とされています。調査の結果、三重県のカバー率（組織率）は

93・58％となっています（平成二十七年四月一日現在）が、この数字が現実の活動実態を伴ったものであるかどうかは多少疑問が残ります。

さて、地域防災力の向上をめざしながらも、これら伝統ある二つの組織の活用を私たちがこれまでどれだけ真剣に考えていたか、これは大いに反省すべき点だと私は思っています。

私たちは毎年、一月から三月を消防団員入団促進キャンペーン期間として消防団の充実強化に努めてきました。その甲斐あってか、全国で消防団員の減少が続く中、三重県は平成二十一年を減少のピークとして平成二十二年以降は増加傾向にあります。とはいえ、消防団を真の意味で地域防災の要とすべく取り組んできたかといえば、地域防災計画への記載の有無を引き合いに出すまでもなく必ずしもそうではありませんでした。

自主防災組織についてはどうだったでしょうか。毎年自主防災組織交流会を実施して組織のネットワーク作りを支援してきましたし、県内で自主的な防災活動に取り組んでいる団体を表彰する「みえの防災大賞」を授与することで組織のモチベーション向上にもつなげてきたつもりです（ただしこの賞の対象は自主防災組織に限ったものではありません）。でも、調査の数字が示す高いカバー率とは裏腹に、一部の組織を除き活発な取組が見られるわけではなさそうですし、それに対して私たちが何か積極的な手立てを講じてきたかというと、これもやはり必ずしもそうではなかったと思っています。

しかも、同じ地域に存在する消防団と自主防災組織は各々の役割を互いに理解しているのでしょうか。さらには、私たち自身がそのことを把握しているのでしょうか。残念ながら私たちは把握できていませんでした。問題意識がなかったと言ってもいいかもしれません。これについては部の、すなわち私の組織運営にも問題がありました。消防団を所管するのは消防・保安課、自主防災組織を所管するのは防災企画・地域支援課です。行政の縦割りの弊害がここにも表れていました。

もう一つの問題は、消防団と自主防災組織に関する行政の責任が第一義的には県ではなく市町にあるという点です。平成二十五年十二月に「消防団を中核とした地域防災力の充実強化に関する法律」が公布されました。この法律においても、消防団と自主防災組織が活動するために必要な措置を講ずる責務があるのは市町村であり、その市町村を国と都道府県が支援する、という構図になっています。

私は思いました。課の垣根を越えて横割りの事業をすべきであると、そして、市町の責務だなどと言わずに、当面はその事業を県で実施してその成果を市町へバトン

「みえ地震対策の日シンポジウム」の中で行われる「みえの防災大賞」表彰式の模様

タッチするようにしてみてはどうかと。

ここでようやく災害時要援護者対策の話になります。

地域では高齢化が進み、災害時要援護者を支援したくても支援者が確保できないという深刻な悩みがあります。しかし地域には消防団がいます。自主防災組織がありま す。もちろん、消防団自身も高齢化が進み団員の確保も困難になってきています。自主防災組織もカバー率に表れるほどには実態は伴っていないという現実があります。それでも、この二つは伝統ある組織には違いないのです。

先ほど私は「突発的な災害に対しては『公助』による速やかな対応が困難。みなさん一人ひとりの防災意識が十分醸成されていない中では『自助』もうまく機能しない。そこで『共助』の仕組みが必要になる」と言いました。それでも、災害時要援護者でない方ならば、自分自身が努力さえすれば十分に「自助」は機能します。しかし、前項でも述べましたが、災害時要援護者の方々にとってはどんなに努力しても「自助」には一定の限界があると言わざるを得ないのです。

だからこそ、この二つの組織が、災害時要援護者対策の決定打とはならないまでも、最後の頼みの綱のように私には思えてならないのでした。

例えばAという地域がある。では、そのA地域では消防団と自主防災組織のどちらが災害時要援護者を守るのか、彼らの避難対策はどちらが受け持つのか、避難後の避難所における生活はどちらが支援するのか。

消防団と自主防災組織が互いの役割分担を明確にしてそのことを互いに理解し、それぞれが役割を果たす。災害時要援護者対策としてそのことがうまく機能すれば、地域防災全てにおいて、地域に応じた隙間のない防災体制が構築できるのではないだろうか。そうすれば、災害時要援護者を援護できない地域もなくなり、ひいては地域防災の空白地もなくなるだろう。私はそんなことを考えるようになりました。

そして、消防・保安課の濱口正典課長と防災企画・地域支援課の加太竜一課長に相談を持ちかけたのは平成二十六年の秋、平成二十七年度当初予算の編成時期の頃でした。

私としてはただでさえ多忙な職員に対して部長の方から新規事業の予算化を持ちかけることに一種の抵抗がありました。ましてそれが課をまたぐ事業なわけですから、勘弁してほしい、というのが課長の立場にある二人の本音だったかもしれません。

でも彼らは引き受けてくれました。私が無理を言ったのか、それとも彼らが私に気を遣ったのか、その辺の機微はわかりません。

この新規事業の正式名称は「地域防災力連携強化促進事業」ですが、誰が言い出したか対外的な名前をつけようということになり、部内でふさわしい名前を公募することにしました。公募の結果、「ちから・いのち・きずなプロジェクト」に決まりました。ちからの「ち」、いのちの「い」、きずなの「き」を取って並べれば「ちいきプロジェクト」になります。ちなみに私は実にしょうもない名前を提案したような気がします。そのときの名前はもう忘れました。

こうして、平成二十七年六月十三日、キックオフイベントとして地域防災シンポジウムが開催されることになりました。一般財団法人消防科学総合センターの黒田洋司研究開発部長をコーディネーターとするパネルディスカッションには、消防団員、自主防災組織の代表とともにパネリストとして私も参加しました。

その後、夏に、消防団員を対象とした自主防災組織アドバイザー講座と自主防災組織の方を対象とした自主防災組織リーダー研修をそれぞれ実施し、秋には、消防団・自主防災組織連携実務研修を実施しました。

年が明け、一つのモデル地域を選定して、消防団・自主防災組織連携実践モデル事業を開始しました。どこまで理想に近づけられるかわかりませんが、このモデル事業により、空白のない地域防災の「あるべき姿」を描きたいと考えています。「三重県新地震・津波対策行動計画」と「三重県新風水害対策行動計画」の最終年度である平成二十九年度までに複数のモデル地域を選定したいと思っています。

平成二十七年度は、消防・保安課の川瀬律哉課長補佐兼班長と坂倉丈夫主幹そして防災企画・地域支援課の福田隆志主幹と菅原朋子主査が中心となって両課の連携プレーによりこのプロジェクトを推進してくれました。

先に「ただでさえ多忙な職員に対して部長の方から新規事業の予算化を持ちかけることには一種の抵抗があった」と言いましたが、この事業を開始した直後に「伊勢志摩サミット」の開催が決定して消防・保安課にサミット対策班を置くことになったため、夏以降、濱口課長はこれまで以上に俄然忙しくなりました。私は濱口課長の顔を見るとふと思い出しては「ちいきプロジェクトは俺が起こした事業だからな。すまんな」と言うことが何度かありました。

それでもやはり、彼らにはぜひ頑張ってほしいと思います。

災害時要援護者対策だけでなく、地域の防災力を高めるためには、様々な立場の人が助け合うっきゃない、そのための仕組みが絶対に必要なのですから。

第5章

やるっきゃない！　～「自助」の取組～

1　防災意識

防災対策部では、平成十四年度以降、毎年秋頃に「防災に関する県民意識調査」を実施しています。調査は県内全市町から無作為抽出により五千人の二十歳以上の男女を選び、アンケート調査票を郵送する方法で行います。

調査の中で、東日本大震災発生以降の県民のみなさんの防災意識の変遷を把握したいと考え、まず平成二十三年度調査において「東日本大震災を受けて、防災意識はどう変化しましたか」と訊ねたところ、77・1%もの人が「防災に非常に関心を持った」と回答しました。この結果をふまえ、その後毎年「東日本大震災の発生から○年半あまりが経過しました。発生時と比べてあなたの防災意識に変化はありますか」と訊ねることにしてきました。

すると、「東日本大震災発生時に持った危機意識を今も変わらず持ち続けている（又はさらに高まった）」と言う人の割合は、平成二十四年度が39・4%、平成二十五年度が３５・０％、平成二十六年度が２９・６％、平成二十七年度が２７・７％と徐々に低くなっていき、「東日本大震災発生時には危機意識を持ったが、時間の経過とともに危機意識が薄れつつある」と回答した人の割合は、４１・９％（平成二十四年度）、４５・０％（平成二十五年度）、５２・７％（平成二十六年度）、５６・６％（平成二十七年度）と増加しているのがわかりました。東日本大震災の発生直後には７７・１％の高さにまで高まった県民のみなさんの防災意識が、時間の経過とともに次第に薄れていく様子が手に取るようにわかる調査結果となっています。

この調査は回収率も高く（平成二十七年度は６０・３％）、大変信頼度の高い調査ですので、この傾向にまず間違いはないでしょう。

家庭での防災対策の状況をみても、三日分の飲料水の備蓄を行っている人の割合は、平成二十七年度が３０・６％（平成二十六年度は３１・６％）、三日分の食料は、平成二十七年度が２４・５％（平成二十六年度は２７・２％）と低い水準で推移しており、家具固定を行っている人の割合も大部分固定と一部固定とを合わせて、平成二十七年度が５０・０％（平成二十六年度は５０・７％）で、防災行動にも大きな変化は見られず、こちらも防災意識と同様、むしろ徐々に下がっていくように見えます。

私たちは防災意識の向上と「意識」を「行動」に結びつけることの二つをめざして

様々な取組を実施してきました。マスメディアを活用した啓発活動やイベントも行いました。

三重県には三重県防災対策推進条例があり、その第十一条で「防災対策に関する理解を深めるとともに、防災対策の一層の充実を図るため、次に掲げる日を設ける」として「みえ風水害対策の日（九月二十六日）」と「みえ地震対策の日（十二月七日）」を規定しています。これら二つは、伊勢湾台風が三重県を襲った昭和三十四年九月二十六日と昭和東南海地震に見舞われた昭和十九年十二月七日を記念して制定された日です。そして、これら記念日の周辺で私たちは必ずシンポジウムなどのイベントを実施して啓発活動を行ってきました。

さらにこれら啓発活動にもまして、「Ｍｙまっぷラン」や日々の訓練活動こそが防災意識の向上や「意識」を「行動」に結びつけることへとつながると信じて取組を続けてきました。

しかし残念ながら、先に示したとおり調査結果が示す数字は冷ややかでした。

このことに関連して、平成二十八年三月四日の県議会一般質問において舟橋裕幸議員からの質問に私が答弁していますので、そのときの模様をここに再現したいと思います（これが私の最後の答弁になりました）。

（舟橋議員）

…「自助」「共助」「公助」のそれぞれの取組を実践し、「防災の日常化」を県庁をはじめとする行政や地域、県民にいかに根ざしていき、過去の災害を風化させることなく、魂の抜けた仏にならぬような取組をいかに進めていくか。部長にお伺いいたします。

（県議会議長）

当局の答弁を求めます。

（防災対策部長）

（挙手して）議長。

（県議会議長）

稲垣司防災対策部長。

（防災対策部長）

はい。（登壇して）「防災の日常化」をいかに根ざしていくか、どう進めていくかというご質問でございますが、私は「防災の日常化」を進めるには「水平展開」と「垂直展開」の二つの方向性があるという風に考えております。その一つの「水平展開」

では、これまで進めてまいりました「MYまっぷラン」といったような取組を今後もさらに県内各地へと広げていくつもりです。そのためには当然、推進役が必要になると思いますが、防災対策部の指導員や職員だけでは到底足りません。そこで昨年度、「みえ防災・減災センター」に防災人材バンクというのを作りまして、そこに登録いただいた防災コーディネーターのみなさんにその推進役となっていただくことにしたところでございます。さらに、こうした個人の力だけではなく、地域の組織力をフルに活かしたいとも考えておりまして、今年度から、先ほど森野議員の質問にも少し答えておりましたけど（著者註1）、消防団と自主防災組織を対象とした「ちから・いのち・きずなプロジェクト」というのを進めているところでございます。

一方、より重要と考えておりますのが「防災の日常化」の「垂直展開」の方でございます。災害は忘れた頃にやって来るというのは、ご存じの物理学者寺田寅彦の有名な言葉でございますけれども、危惧される南海トラフ地震も今日発生するかもしれません。もしかしたら三十年後かもしれません。正に忘れた頃かもしれないのです。ですから、防災対策は未来へと代々引き継がれていくものでなければなりません。もちろんその主役は、未来を生きる今の子どもたちです。そこで防災対策部では教育委員会とも協力して、子どもたちが家庭や地域の中で防災対策の主役となれるような仕組

県議会で答弁する著者

みについても今後検討していきたいという風に考えています。実は明日、津市のリージョンプラザで、宮城県多賀城高校と伊勢市立五十鈴中学校の生徒さんたちをお招きして東日本大震災五年の復興・交流イベント「若い力がつなぐメッセージ」というのを開催します。ここでもやはり主役は子どもたちです。

たしかに先ほど議員も仰ったとおり、時間の経過とともに防災意識が薄れつつあるという県民の割合は徐々に徐々に増えています。でも私は職員によく話しています。「人は忘れる動物やんか。意識が低下するのは当然や。むしろ、この東日本大震災の直接な被害を被ったわけでもない三重県民の意識がこの程度の低下ですんでいるのは俺たちが頑張ってるからや。だから、あきらめずに今の対策をずうっと続ければいいんや」。子どもたちの勉強と同じです。忘れることを恐れずに、繰り返し繰り返しどんどんどんどん新しい知識や経験を身に付ければいいと考えています。ですから、私たちはこの「防災の日常化」の「水平展開」と「垂直展開」を今後もひたすらしつこく続けてまいります。私たちが新地震・津波対策行動計画、新風水害対策行動計画、そしてもうすぐ完成します復興指針の中で掲げた取組を、正に議員の言われた、魂を込めて、着実に進めてまいります。

以上でございます。

（著者註1）私はこの日、舟橋議員の前に森野真治議員から「消防団員の確保対策」について質問を受けており、その答弁の中で「ちから・いのち・きずなプロジェクト」に言及しています。

2　防災の日常化

舟橋議員への答弁の中に登場した「防災の日常化」についてお話したいと思います。「防災の日常化」というのは私たちの造語で、数々の防災の取組を通じて、防災対策が非日常的な特別な活動ではなく日々の業務や生活と一体となった当たり前のものとなることを意味しています。「三重県新地震・津波対策行動計画」にも「三重県新風水害対策行動計画」にも、究極的にはそれをめざすものとしてこのことを位置づけています。両計画では「防災の日常化」のあるべき姿として次のように記述しています。

《あるべき姿　その1》

東日本大震災を機に急速に高まった、県民一人ひとりの防災意識のさらなる向上が図られ、その意識の高まりが行動に結びついている。

《あるべき姿　その2》

防災・減災に向けた取組が、特段に意識すべき特別な活動ではなく、通常の事業活動や行政運営のベースに位置づけられ、自主的・持続的な活動として定着している。

《あるべき姿　その3》

「自助」「共助」「公助」の取組の結集により、「県民力」による総力を挙げて、災害に強い三重づくりが進み、子や孫の世代まで引き継がれている。

このことをもう少し平たく説明します。

その1とその2ですが、例えば生活面からみた場合、読者のみなさんは家を新築しようとするとき設計図には必ずバス・トイレの位置を描きますよね。それと同じように図の中に備蓄スペースを書き込むことが当たり前になっているのです。地域や職場で防災訓練を行うことがまるで秋祭りや運動会のように年中行事になっているのです。そんなことを想像してみてください。また行政面からみた場合は、学校のカリキュラムに防災の授業を組み入れることは当然だったり、高速道路を建設する際は法面に避難場所を設けるのが当たり前だったり、などです。そしてその3は、そうしたことが時代を超えて代々引き継がれていくことを言っています。

さらにこの「防災の日常化」を少し別の観点から「三重県新風水害対策行動計画」の文章を借りて説明します。


過去約二十年間における災害原因別の死者・行方不明者の状況をまとめてみると、地震・津波は頻繁には発生しませんが、ひとたび襲来すれば、甚大な死者・行方不明者を生じさせていることが分かります。

一方、風水害の場合、数においては地震・津波と比較して相対的に少ないものの、毎年のように死者・行方不明者が発生しています。

このことから、以下のことが言えるのではないかと思います。

地震・津波対策は、南海トラフ地震を例にすれば、人の一生のスパンを超える、百年から百五十年の間隔で訪れる、「いつか来る」災害への対応であることから、防災・減災対策をあたかも地域の文化のように当たり前のものとして定着させていかないと、いつしか忘れ去られてしまうおそれがあります。東日本大震災でも、先の地震・津波の教訓が伝承されていた地域と、そうでない地域では、被害の様相が大きく異なる結果となりました。

こうしたことから、地震・津波対策においては、「将来の備え」としての「防災の日常化」が大切になります。

一方、風水害対策は、毎年のように全国各地のどこかで被害が発生する、さらに付け加えるならば、毎年、三重県においても、災害対策本部の設置により災害対応を行うなど何らかの対応をとっている、いわば「いつも来る」災害への対応です。「いつも来る」災害だからこそ、必要となるのは、日々の生活を通じての、県民のみなさん一人ひとりの意識や行動であるとか、地域における連携や協力体制づくりなど、「自助」の取組、そして、「共助」の取組ではないかと考えています。つまり、風水害対策においては、「日々の備え」としての「防災の日常化」ということになるわけです。

このように「将来の備え」「日々の備え」どちらの備えのためにも「防災の日常化」は大変重要だと私たちは考えています。鈴木知事は、県民のみなさんの前で防災・減災について語るとき、いつもこの言葉を口にします。「防災の日常化」は三重県の防災・減災対策の重要なキーワードなのです。

先ほどの説明でこの「防災の日常化」が「自助」「共助」「公助」全てに関わる概念だということがおわかりいただけたかと思いますが、そうは言ってもやはり基本は「自

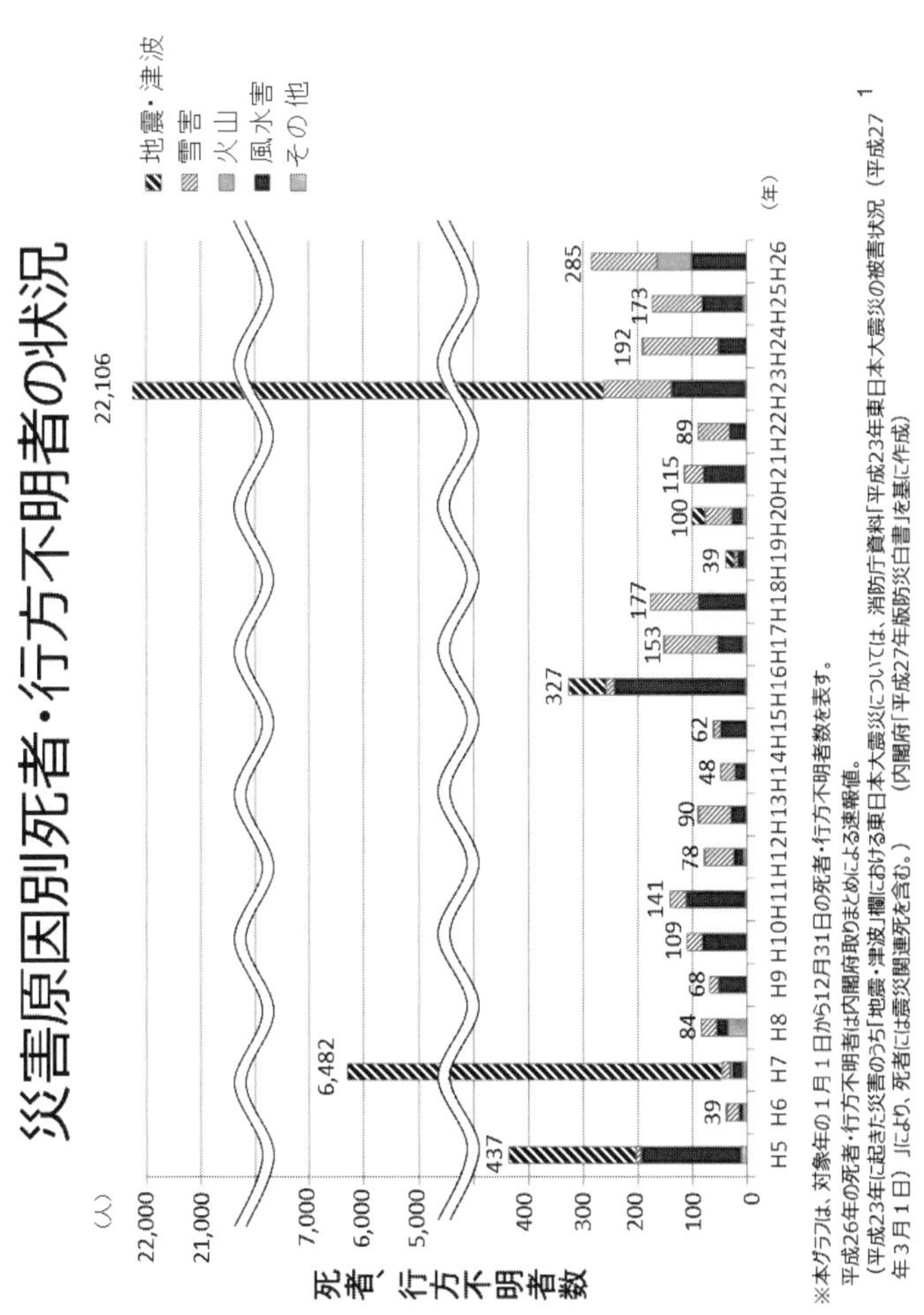

災害原因別死者・行方不明者の状況

助」です。県民のみなさんが、また読者のみなさんが、防災・減災対策を自分自身の生活の中で当たり前のものとしていただくことが最も大切なことだと私は思っています。

だから、防災啓発事業も私たちにとってのとても重要な取組の一つなのです。

3 家庭の防災・減災対策

そこで本書においても、家庭における「自助」について、現役を離れた三重県の前防災対策部長が僭越ながら読者のみなさんへの啓発を行いたいと思います。

実は防災啓発用の資料としては、防災対策部が「なまず博士からの緊急指令　地震・津波・風水害から身を守ろう!」というタイトルの防災ガイドブックを発行しており、手前味噌ですがこれがとても良い作品ですので、こちらをご覧いただければ私の話を聞いていただくまでもないとは思います。この冊子が手に入りにくい場合は「防災みえ．ｊｐ」を覗いていただくとそこにありますので、そちらをご覧ください。さらに「三重県新風水害対策行動計画」の巻末では三重県だけでなく各市町のガイドブック等の資料も紹介していますので、そちらもよろしくお願いします。

私はここで、そうしたガイドブックにはあまり書いていない、私なりの視点での「家庭の防災・減災対策」について語ってみたいと思います。

私は「自助」も「共助」も「公助」も重要なカギは「家」にあると考えています。予防から応急、復旧、復興に至るまでの全ての過程においてです。言い換えれば、防災は「家」に始まり「家」に終わる。否、必ずしも終わるわけではありませんが、最後まで「家」が重要な課題として残る、ということが言えると思います。

「どういうこと？」と思われた方もおられるかもしれませんね。

それでは説明します。

まず災害直後のことを想像してみてください。地震・津波の場合も風水害の場合も、在宅避難ができない場合、当面は避難所が生活の拠点になります。いわば一つの「家」での共同生活が始まるわけです。ここでは「共助」の果たす役割が極めて大きいことになりますが、避難所運営については、東日本大震災において女性・障がい者・外国人等の視点が大切だという問題が浮き彫りになり、私たちは「避難所運営マニュアル策定指針」を大幅に改定した、という話をすでにしたかと思います。また、避難所生活においては避難所の劣悪な生活環境という問題だけでなく、声の大きい立場の強い人間が立場の弱い人間をいじめる事態が起きていた、という話もしました。要するに、災害直後には「家」のあり方が非常に困難な課題としてクローズアップされてきます。だからこそ私たちは、避難所運営が円滑になされるためのマニュアル作りや避難所運営訓練、そして施設・設備に対する「地域減災力強化推進補助金」による財政支援などの事業を実施してきたところなのです。

そしてその後の応急、復旧から復興に至る過程においても、仮設住宅から災害公営住宅へと「家」に関わる課題が鮮明になってきます。この過程では「公助」の果たす役割が大きいでしょう。このことは「第6章　つなげるっきゃない！」でお話ししたいと思います。

それでは時間を戻して、災害が発生するまでの予防段階を見てみましょう。やはりここでも「家」が重要なカギを握っています。ここでもどころか、ここでこそ、と言うべきかもしれません。災害が発生した直後に在宅避難をするにせよ、避難所生活に移るにせよ、そのための備えをしっかりしておかないと満足な避難生活どころか生き延びることができないことになります。そのカギは「家」にあります。そしてこれは「自助」すなわち、自分の命は自分で守る、ということなのです。

この予防段階における「家」の防災・減災対策についてお話します。

1　まず地震対策。

(1) これは何を置いても「耐震化」です。

平成二十七年度の「防災に関する県民意識調査」によると、一戸建ての持ち家・借家のうち昭和五十六年五月以前に着工・建築された木造にお住まいの方に耐震診断について訊ねたところ、「診断を受けたことがない」と回答した人が78・1％（平成二十六年度は74・1％）、「耐震診断を受けたが補強工事を行うつもりはない」という人が耐震診断を受けた方の38・6％（平成二十六年度は28・4％）でした。

この「昭和五十六年五月以前」の意味について説明します。

「東日本大震災」から三十三年前の昭和五十三年六月十二日、マグニチュード7・4、最大震度5を記録した「宮城県沖地震」が発生しました。死者二十八名、建物の全半壊戸数は七千四百戸でした。この建物被害の甚大さを受けて建築基準法が改正され、耐震基準として「震度6強から7程度の大規模地震でも倒壊を免れる強さとすること」

が義務付けられることになりました。この新耐震基準の導入が昭和五十六年六月一日だったのです。つまり「昭和五十六年五月以前」にはこの耐震基準は義務付けられていませんでした。

これに対して「だからといって、それ以前の建物が全て新基準に達せず倒壊のおそれあり、とは必ずしも言えないのではないか」と言う方もいるでしょう。たしかにそのとおりです。しかし平成七年一月十七日に発生した「阪神・淡路大震災」では、死者数の大部分が建物等の倒壊によるものであり、その建物被害も昭和五十六年五月以前のものに集中していたのです。そういう現実がある以上、その可能性は極めて高いと言わざるを得ないのではないでしょうか。だからこそ、国も地方自治体も「まずは耐震診断を」そして「診断の結果、新基準を満たしていなかった場合には補強工事を」とお勧めしている、というよりむしろお願いをしているわけなのです。

それでもなかなか耐震化は進みません。そこでその理由について訊ねてみると、理由の第一は「補強工事にお金がかかるから」で77・9％（平成二十六年度は67・6％）ということでした。たしかにお金はかかります。ならばせめて部分補強を行うとか、せめて寝室だけにでも耐震シェルターを導入するとか、何らかの工夫をしてほしいと思います。耐震シェルターも最近は様々なタイプのものが登場しており、なかには安価なものもあるようです。いずれにせよ、家が倒壊したら避難以前に命を失ってしまうのですから、どうか何らかの手立てを講じていただくようお願いします。これは本当に心からの「お願い」です。

しつこいと言われるかもしれませんが、ここはしつこく、もう少しだけ「耐震化」の話を続けたいと思います。

「地震が発生したときに常に家の中にいるとは限らない」と言う方もみえるでしょう。でも、よく考えてみてください。睡眠時間八時間の人なら一日の三分の一はほぼ確実に家にいます。このことだけを取り上げてみても、地震発生時に在宅している確率は非常に高いと言えるのではないでしょうか。だとすれば、「家」の耐震化を進めることで震災時に生き延びられる確率も確実に高まるのではないでしょうか。

それでも耐震化が進まない理由の第一が、費用の問題にある、ということはもちろん認めます。しかし、そう回答された方がその他の手立てさえも一切講じようとしないとすれば、その原因は費用の問題にあるというよりむしろ、いわゆる「正常性のバイアス」の方にあるのではないかと思います。

「正常性のバイアス」は心理学用語です。「バイアス」とは「偏見」つまり「偏った考え方」の意味で、「正常性のバイアス」というのは、自分にとって都合の悪い異常な情報を自分に都合の良い正常範囲の情報へと勝手に（偏った考え方によって）置き換えてしまう心理のことをいいます。これを災害心理に当てはめれば、例えば「南海トラフ地震が起きると言われているけど、少なくとも自分が生きている間には起きないだろう」とか「万一起きたとしても自分自身や自分の家族には被害は及ばないだろう」などと心の中で自分に都合良く整理してしまうことをいうのです。

これは、程度の差こそあれ誰もが陥りがちな心理状態であって、長く防災・減災対策に携わってきた私でさえ、ふとそんな気持ちになっている自分に気づいてハッとすることがありました。

そもそもそうしたバイアスから抜け出すことが容易でないからこそ、防災意識を向上させることも「意識」を「行動」へと結びつけることもなかなか容易ではない、ということになるのですが、どうか読者のみなさんには、「正常性のバイアス」に陥りそうになったときはその都度グッと我慢してほしいと思います。「そんなことではダメだ」と踏み留まっていただきたいのです。そうした我慢を繰り返しているうちに、いつしかあなたの中に「防災の日常化」が定着していると私は確信します。

百歩譲ったとして、少なくとも「家」の耐震化に関しては、絶対にこの「正常性のバイアス」から抜け出していただきたいと思います。

絶対に！

（２）地震対策の二つ目は「家具固定」です。

県民意識調査の結果は前述のとおりですが、この家具固定も決して軽んじてはいけません。大規模地震になれば大きな家具もあっという間に倒れますし、倒れるどころかあなた自身に向かって吹っ飛んできて凶器に変わることもあり得ます。そうなったら仮に死なずにすんだとしても大けがです。また幸いにして家が倒壊したり歪んだりしなかったとしても、倒れた家具が邪魔をして屋外に出られないことも考えられます。これが沿岸部なら逃げることができずに津波に飲み込まれてしまうことになるかもしれません。

読者のみなさん、家具固定もぜひお願いします。

（３）三つ目は、不幸にして「家」が倒壊したときのための備えについてです。

「防災・減災対策検討会議」の委員長を務める関西大学の河田恵昭教授は「せめて地震保険に入りなさい」と常々話しておられますので、これを三つ目の備えとして掲げておきたいと思います。

2　次に「家」での「備蓄」についてお話します。

（1）国の中央防災会議の防災対策推進検討会議が平成二十五年五月にまとめた「南海トラフ巨大地震対策について」の最終報告では、水や食料の備蓄は一週間以上ということになっています。

しかし一週間以上ともなると、保管場所を確保するだけでも容易ではありません。そこで私自身はどうしているかというと、備蓄は三日分だけです。あとはいわゆるローリングストック法で補うことにしています。ローリングストック法というのは、人によって説明の仕方が若干異なる場合もありますが、要するに、保存の利く食品を多めに買っておいて平時からの食事に用い、用いたらその都度補充していくという方法です。私の場合、カップラーメン、レトルト食品、缶詰などを多めに買っておいて、先ほどの三日分の備蓄品を補完することにしています。

と、ここまでの「自助」について私は、危うく「正常性のバイアス」に陥りそうになりながらも、何とか踏み留まって実践しています。

（2）気になりながらも十分できないでいるのは「生活用水」への対応です。

とはいえ、これを備蓄で何とかしろというのも無理な話です。生活用水の一人当たりの平均使用量は概ね三百リットルといいます。トイレ、風呂、炊事、洗濯、洗面など、用途は様々ですが、一日に必要な飲料水は三リットル程度ですから、百倍の量です。三百リットルが少しでも軽減できるよう携帯トイレや簡易トイレは準備しておかなければなりません。私の場合、これに関しては簡易トイレを備えています。

私は三重県庁に在職中、県庁を退職したら少し暇になるだろうから庭に井戸を掘る算段をしよう、と考えていました。が、いざ退職してみるとなかなかその余裕がありませんし、一口に「井戸を掘る」と言ってもそれほど簡単ではないということもわかってきました。どういう段取りで進めるかは今後の検討課題としています。

（3）水や食料に限らず備蓄一般についてもう少し言及しますと、備蓄品の点検も非常に大事です。

「防災・減災対策検討会議」の委員の一人、三重大学大学院生物資源学研究科の葛葉泰久教授は「普段から備蓄袋を点検しておくことが大事です。そのためにも、袋の中に入っている備蓄品を用いて、半年に一度、家の庭で家族とバーベキューをやりましょう。火の使い方や器具の使い方になじんでおくことが大事です」と提案しています。その際に家族と家族防災会議を行えば一石二鳥です。

3 「家」の防災・減災対策を考えるときには、その「家」の立地環境も知っておく必要があります。地盤は強固か軟弱か、標高はどれくらいか、津波浸水エリアの内か外か、土砂災害の危険はないか、洪水の心配はないか、などです。

以上述べてきたとおり、とにかく、まずは「家」に関わる「自助」を心掛けてください。

突然ですが、こんな場面を思い出しました。

平成二十五年十二月七日、尾鷲市において巨大津波対処関係機関合同訓練が行われた際の訓練講評のときの話です。訓練は自衛隊・海上保安庁・警察・消防など救助機関の連携訓練で、市民のみなさんが多数見学していました。私は救助機関に向かって講評を述べたあと、後ろのギャラリーの方を振り向いて言いました。このときの模様を中日新聞がコラムで扱っていますのでその一部を抜粋して紹介します。

訓練後の講評が印象に残った。講評は訓練ぶりを評価したり、課題を述べたりすることが多いが、ちょっと違っていた。県防災対策部の稲垣司部長は「今回の訓練は公助の救援機関によるものだったが、『自分の命は自分で守る』という自助や共助がなければ、なんにもならない」と強調した。救援が来るまでの間、市民に自助や地域の共助で震災の犠牲にならないように備えてほしいという呼び掛けだった。

私たちはこれまでも「自助」の大切さをしつこく訴え続けてきましたし、これからも後輩たちがそれを引き継いでいってくれると思います。そして私はこの「しつこさ」が大事だと思います。

たしかに今は低下傾向にある防災意識ですが、三重県が実施している別の調査の中に私たちにとってありがたい結果を示すものもありますので、それを紹介しておきます。

三重県戦略企画部では平成二十三年度から、幸福実感指標を用いた「みえ県民意識調査」を実施しています。幸福実感指標は、暮らし、文化、産業など十六の分野で設定されており、そのうちの一つに「災害等の危機への備えが進んでいると感じる県民の割合」というのがあります。この数値が、平成二十三年度（第一回）の２４・４％から、最新の平成二十六年度の数字は３１・２％（平成二十五年度は３０・２％）と、徐々にではあるものの着実に伸びているのです。私は、防災対策部の取組を県民のみなさんがちゃんと見てくれていることの証だと受けとめています。

しつこくやればいいのです。舟橋議員の質問に答弁したとおり、たとえ忘れたとしても繰り返し新しい知識や経験を身に付けるようにしていけば、三重県民の防災意識もいつかきっと上向きになるでしょう。

最後に、思い切り脱線します。

北海道赤平市に植松電機という株式会社があります。元は炭坑用の特殊電動機や電気部品の販売修理を手掛けていた会社だそうです。そこの専務取締役の植松努さん（植松清社長の息子）は、社会から「どうせ無理」をなくしたいと言って「どうせ無理」と言われながら宇宙開発に挑戦し、今やロケットを造っているといいます。私は自分自身が講演する際、この植松さんが語った次の話を勝手にパクらせてもらったことが何度かあります。

できないとあきらめる必要はない。人間は元々あきらめる動物ではなく、社会に出てからあきらめることを覚えたにすぎない。

何事もできるのだ。

できる＝CAN　DO。

そして、あきらめずにやり抜いたあとには、CAN（感）DO（動）が待っている。

この話、いいでしょう？

「俺たち県庁防災対策部」はあきらめずに前へ進みます。そのあとには、県民のみなさんの防災意識も向上し、災害に強い三重県ができあがっている。そんな「感動」が待っていると信じて。

やるっきゃない！

第６章

つなげるっきゃない！

～復興対策～

1　三重県復興指針の策定

平成二十八年三月十一日、三重県庁講堂で東日本大震災五年追悼式が行われました。鈴木知事はじめ県職員、県議会議員、県内への避難者のみなさんら合わせて約三百名が参列しました。三重県では毎年この日に追悼式を実施しており、被災県以外で追悼式を実施している県は他にないと聞いています。

あの日から五年の歳月が経過しました。

今なお東北の被災地では復興に向けた懸命の努力が続いています。しかしながら、被災地では復興はおろか、未だ多くの被災者が元の生活を取り戻すことさえできていません。

平成二十八年三月七日付けの朝日新聞によれば、仮設住宅で暮らす岩手、宮城両県二十六市町村の約二万八千世帯のうち一割の約二千七百世帯の転居先が未定ということです。また四日付けの同紙には、両県に福島県を加えた三県の公立小中学校、特別支援学校のうち、仮設校舎を使っていたり、校庭に仮設住宅が建っているなどして、本来の学校生活に戻れないでいる学校が百二十一校ある、との記事が掲載されています。

一方、読売新聞が岩手、宮城、福島三県の中の四十二の市町村長に復興の進捗状況について訊ねたところ六割以上の首長が「予想より遅れている」と回答し、被災者五百人へのアンケート調査では七割超がやはり「遅れている」と回答しています（平成二十八年三月七日付け・八日付け同新聞記事より）。

震災から五年経った今も、復興は未だ道半ばです。

私たちが「三重県新地震・津波対策行動計画」を公表したのは平成二十六年三月のことでした。計画の中で私たちは十個の選択・集中テーマを掲げ、その十番目のテーマを「被災者の生活再建を早める復興プロセスを事前に構築する」としました。そこに「災害が発生してから復興のことを考え始めたのでは遅い」と書きました。そしてこう続けています。「三重県が南海トラフ地震に襲われた場合に、その被害を最小化するとともに、速やかな復興作業が進められるよう、できる限りの事前の準備をしておく必要があります」と。

震災により甚大な被害を被った岩手、宮城、福島の三県は、以前から三陸沖・宮城県沖で発生する地震を想定して熱心に防災・減災対策を進めてきました。その熱心さはおそらく私たち三重県以上ではなかったろうかと思っています。しかし、それでもひとたび大災害に見舞われてしまうと復興は決して容易ではないのです。

私たちは、この東北の姿は、南海トラフ地震の発生が危惧される三重県の将来を映し出す鏡であると考えました。そこで私たちは、防災・減災の取組をさらに一歩進め、復興対策、すなわち復興に向けた「事前の準備」について検討しようとしたのでした。

この「事前の準備」を表す用語に「事前復興」があります。関西学院大学災害復興制度研究所の山中茂樹教授はこれを二つの定義に分け、次のように説明しています。

一つは「災害後、限られた時間内に復興に関する意思決定や組織の立ち上げを急ぐ必要がある。そこで、復興対策の手順の明確化、復興に関する基礎データの収集・確認などを事前に進めておくこと」という、いわばソフト系のもの。そしてもう一つは「災害が発生した際のことを想定し、被害の最小化につながる都市計画やまちづくりを推進すること。減災や防災まちづくりの一環として行われる取組の一つ」という、こちらはいわばハード系のものです。

私たちが検討しようとしたのはこのうちのソフト系の事前復興です。つまり、復興対策の手順の明確化を図るためのマニュアル、言い換えれば、大規模災害に見舞われても船が難破しないための復興に向けた羅針盤を作ろうと考えたのです。それが「三重県復興指針」です。
私たちがそれをどのようにまとめていったか、今からその話をするつもりです。ですがその前にまず、できあがった「三重県復興指針」の概要を説明しておいた方が読者のみなさんが理解しやすいと思いますので、指針の目次を並べて簡単に説明しておくことにします。

第1章　三重県復興指針がめざすもの
1　復興指針策定の背景～東日本大震災の発生から5年が経過して～
2　復興指針策定の目的
3　復興指針の位置づけ
第2章　南海トラフ地震からの復興プロセスにおいて想定される事態
1　想定される被害の様相
2　復興プロセスにおいて想定される事態～震災復興における実例や課題をふまえて～
第3章　「復興」の基本理念

これらのうち第1章にはすでに述べた、指針策定の目的が記述してあります。第2章は、東日本大震災、阪神・淡路大震災、新潟県中越地震、福岡県西方沖地震、北海道南西沖地震などの復興状況を調査し、その課題を「行政」「生活」「産業」の三つの角度から整理しています。一つ飛ばして第4章は、迅速かつ円滑な復興をめざし、いつ何をしなければならないか、ということについて、第2章と同様「行政」「生活」「産

三重県復興指針

平成２８年３月

三重県

三重県復興指針

業」の三つに分けて詳しく記述しています。この部分は、職員が東北の復興計画を調べ、現地の声や三重県からの派遣職員の声を聞きとって、他部局職員の協力も得ながら整理した、指針の総ページ数百八十ページのうち百二十ページを占める膨大なものです。マニュアルとしての中心部分です。

参考に項目のみ列記しておきます。

Ⅰ　計画的復興に向けた行政運営

《計画的復興に向けた体制整備》

（1）行政機能の回復

（2）復興体制の整備

（3）市町支援

（4）財政面の措置

（5）情報提供

Ⅱ　地域の再生や生活の再建

《住まいと暮らしの再建》

（1）被災住宅の応急対策

（2）緊急の住宅確保
（3）恒久的な住宅の供給
（4）災害廃棄物の処理
（5）雇用の維持・確保
（6）被災者への経済的支援
（7）保健・医療・福祉対策
（8）学校の再開
（9）ボランティアの受入体制の整備

《まちの復興》
（10）公共土木施設の復旧・復興
（11）安全な市街地の整備（復興まちづくり）
（12）文化の再生

Ⅲ　なりわいや産業の復興

《産業・経済の復興》
（1）農業の経営再建
（2）林業の経営再建

（3）水産業の経営再建
（4）商工業の経営再建
（5）観光業の経営再建

こうした整理の前提となる「復興」の基本理念、つまり「復興」とは何か、についての私たちの考え方を第3章に記述しました。さらに、その基本理念を実現するためには第4章の発災後の取組だけでは不十分と私たちは考えており、そこで第5章では平時からの欠かせない取組についてまとめています。

これが「三重県復興指針」の構成ですが、「三重県新地震・津波対策行動計画」や「三重県新風水害対策行動計画」同様、この復興指針についてもこの形に辿り着くまでが大変でした。

年度が改まり、平成二十七年度になりました。いよいよ本格的な作業開始です。担当は、二つの行動計画を担当してきた森将和主幹の三度目の登板でした。

作業開始に臨み、私は森主幹たちに指示を出しました。

「復興期に入ったときに何をすべきか、例えば、復興方針を立てなければならないとか、復興本部を立ち上げなければならないとか、それを整理するだけなら現在の東北三県の復興計画を見せてもらえば事は足りる。わざわざ俺たちが復興指針を策定する必要はない。そこには、人はどんな姿の復興を望むのかといった、復興に対する理念が必要だと俺は思う。そのことをしっかり押さえて作業に取り掛かるように」

そう指示したときの私の脳裏には二つの場面が浮かんでいました。

一つは、平成二十五年八月九日から十一日にかけて岩手県と宮城県を訪問した際に話をした若者のことでした。

街の風景は震災一か月後に来たときと比べて一変していました。女川の街の風景も、です。復興が進んでいたわけではありません。街が緑色に変わっていたのです。当時津波が洗い流した土地には雑草が生い茂っていました。何だか不思議な光景でした。

私は陸前高田市でその若者と会い、話をしました。若者は特定非営利活動法人桜ライン311の代表理事を務める岡本翔馬さんでした。

彼はそのときこう言ったのです。

「SAVE　TAKATAというNPO法人での活動事例の一つに『陸前高田復幸マップ』の作成があります。震災後に店舗が次々と建設される中で、どこにどんなお店が復活したのかがわからない。車を持たない仮設住宅の住民の場合、永遠にそうした情報を入手できないことにもなりかねない。ですから、復興したお店の場所や電話番号をマップに記載して情報発信することにしました。幸せを取り戻したいのです。それで、『復幸』というネーミングを思いつきました」

このときの「幸せを取り戻したい」という彼の言葉と「復幸」の文字が私の中に強烈なインパクトを持って残りました。

もう一つは、放送日時もタイトルも忘れてしまいましたがＮＨＫのテレビ番組だったと思います。平成十七年三月二十日に発生した福岡県西方沖地震からの早い復興を成し遂げた玄海島の様子を伝えるものでした。街は災害の傷跡も残さず美しく整備されていました。ところが島の老人たちが言うのです。「会話が無くなった。街が戻らない」。

そんな番組だったと記憶しています。

私が復興の基本理念を考えるにあたり職員に求めたのは、人の心に触れる細やかな心配りでした。そしてそのとき私は「地域コミュニティ」というヒントを彼らに与えていました。

そのときから時間は一気に夏へと流れます。

その間、職員らは懸命に作業を進めていました。五月には東北へ二度、ヒアリング調査にも出かけています。でも彼らが産みの苦しみを味わっているのはよくわかりました。七月二十九日に開催した平成二十七年度第一回目の「防災・減災対策検討会議」にはまだ満足な素案も示せず、議論は復興指針のイメージに終始しただけでした。

そしてようやく素案らしきものが私に届きました。それに対して私は例によって、次のような長文の指示をメールで職員に送りました。八月二十九日のことでした。

三重県復興指針策定における留意点

素案第一章「2過去の震災復興において生じた課題」と素案第三章「2復興の進捗過程において想定される状況」のところで（著者註2）、

（1）行政運営において生じた課題（想定される状況）

（2）地域の再生や生活の再建において生じた課題（想定される状況）

（3）なりわいや産業において生じた課題（想定される状況）

と同じ切り口で述べる内容を、あえて章を二つに分けて論じることの意味は何でしょう？　むしろ読者にとってはわずらわしく、理解の妨げになるだけではないでしょうか？

検討会議において室崎委員が「どのような事態が起こり、どのような問題が生じるかというリアルな部分が大事である」と言っていますが、こうしたことは一気に記述しないとリアルに伝わらないのではないかと思います。

（中略）

とりわけ、復興理念の「地域コミュニティの再生」に関わる重要なところであるはずの「これまで築いてきた人間関係が希薄化、喪失した」との記述も、あとに出てくる同じカテゴリーのところが数字の羅列だけに終わっていては、そもそもこれを何のために記述したのかさえ見えなくなってしまうように思います（厳しい見方をすれば、カッコつけだけの、取ってつけただけの内容、というように受けとめる読者もいるかもしれません）。

素案の構成からは、私は「復興の基本理念」があまりに唐突に登場している、という印象を覚えてなりません。おそらく、その以前に、素案第三章と素案第一章をからめた議論をじっくりやっていないからだと思います。

つまり、理念を言う前に、私たちがこれから直面する状況を想定し、それを数字等を挙げて論じながら、「そうしたとき、過去の災害事例からはこんな課題が浮き彫りになった。ということは、私たちも、まず間違いなくそういう目にあうだろう」というように、しっかりと述べる必要があると思うわけです。

そして、その論述の中で、「だから、コミュニティの再生が重要なカギなのだ」という話になっていって、その次に「よって、この指針において、私たちはこのことを復興の基本理念とする」という風に論理展開していくべきではないでしょうか。

（中略）

次に、その理念です。

宗片委員（著者註3）も河田委員長も、復興をスムースにするためには、「今現在のコミュニティを大切に」と言われます。しかし、ここで注意しなければいけないのは、私たちが言うべきはそれではない、ということだと思っています。今が大事なことは誰もがわかっています。また、そのことが実現すれば、復興という問題だけでなく、すべてにおいてOK、というのも誰もがわかっています。ただし、そのことと、私たちが言う「コミュニティ」とは厳然と区別すべきだと思います。そうしないと、逆に、今のコミュニティさえしっかりしていれば良い、という方向に議論が行ってしまい、おそらく収拾がつかなくなると思います。コミュニティがしっかりしていても、それが壊れるからこそ問題なのです。

（中略）

若林委員（著者註4）の言う「ボランティア」「市民活動」を活かすべきではないかと考えています。「ボランティア」については、室崎委員もいきなりその重要性に触れていました。

（中略）

さらに、末村委員（著者註5）が言っていた「地域コミュニティの再生には、被災者の力を引き出す支援が必要」というのも、ゴチになりたい、とても良い意見だと思います。

あと、私自身、今はまだイメージができていないのですが、なんとかモノにしなければいけないと考えているのが、松田委員の言った「復興後の障がい者との共生社会」です。これに応えるのはかなり難問に思えますが、災害時要援護者対策の重要性を訴え続けてきた私たちとしては、何とかして応えなければならない重い課題だと考えています。

（中略）

最後に、私たちはすでに「市町における復興計画の策定に資するものとする」ともぶち上げているので、このことにも十分に配慮する必要があると思います。

箕浦委員（著者註6）は「県の復興指針を参考にしたい」と言っていますし、森委員（著者註7）は「小さな町から大きな市まで活用できるような指針を作ってほしい」と言っています。

（中略）

課内での議論を期待します。

なお、九月議会に入る前には、一度、レクをお願いします。


（著者註２）指針では「課題」や「想定される事態」を一つの章にまとめて整理していますが、素案の段階ではそれを二つの章に分け、同じような表現で繰り返し説明していました。

（著者註３）特定非営利活動法人イコールネット仙台代表理事・宗片恵美子氏のことです。

（著者註４）みえ災害ボランティア支援センター元事務局長・若林千枝子氏のことです。

（著者註５）復興庁岩手復興局復興推進官、大阪経済大学客員教授・末村祐子氏のことです。

（著者註６）志摩市総務部地域防災室室長兼危機管理理監・箕浦勤氏のことです。

（著者註７）大台町総務課特命監・森亨氏のことです。


自分で言うのも変ですが、相変わらずペンペンです。森主幹たちは頭を抱えたかもしれません。だが、私から見ればどんなに譲歩しても彼らの基本理念の捉え方は曖昧で雑だとしか評価できませんでした。理念が雑な指針は指針ではない、というのが私の考えでした。

そしてその後も何度か彼らと議論を繰り返し、私たちは難産の末にようやく「三重県復興指針」を策定することができたのでした。

特に難産だった基本理念は次のようにまとめました。
第2章で「行政」「生活」「産業」の三つに分けて復興の課題を整理したあとの「(4)まとめ」の項と、それに続く第3章の全文を掲載しておきます。
長くなりますが、私たちの熱い思いをぜひ読んでいただきたいと思います。

(4)まとめ

南海トラフ地震の発生は、行政機能を著しく低下させるとともに、落ち込んでしまった産業がなかなか回復しない中で、県民からは生活の拠点を奪うだけでなく、県民自身の健康や大切な人間関係をも奪い去ってしまう――。

こうして見てくると、三重県に想定される悲惨な事態の中でも、「(2)地域の再生や生活の再建において想定される事態」として整理した、人間関係の希薄化や喪失、あるいは、被災者生活の長期化に伴う心身の故障といった、人間そのものに関わる課題はとりわけ深刻と言わなければなりません。

なぜなら、時間さえかければ、行政機能は回復するでしょうし、産業も復活させることができますが、ひとたび壊れてしまった「人間」や「人間関係」は必ずしもそうはならないからです。

この課題は、東日本大震災の被災地はもとより、大規模災害が発生した際の全ての地域が抱える最も重い課題だと言っても過言ではないと思います。

本県では、こうした「人間」や「人間関係」の回復といった課題の克服に重きを置いて本指針をまとめていきます。

そこで、復興に向けて取り組むべきさまざまな対策について述べる前に、まず第3章において、「人間」を重視した、本指針全体を貫く「復興」の基本理念について整理しておくこととします。

第3章　「復興」の基本理念

1　「人間」と「人間関係」の回復

大規模災害における激しい揺れや巨大な津波等から逃れることができたとしても、その直後から厳しい避難生活が始まります。そして、前章の【想定される事態】「被災者生活が長期化する」の中でも述べたとおり、長引く被災者生活は、人々を徐々に疲弊させていくのです。なかでも、高齢者や障がい者などの災害時要援護者の方々にとって、それは極めて深刻な事態です。

東日本大震災では、約１８，０００人余の死者・行方不明者に対し、平成27年３月末現在で約３，３００人の災害関連死が発生していますが、その約９割が65歳以上の高齢者で占められています。

さらには、本来、復興の原動力ともなるべき、次代を担う児童生徒までもが震災ストレスにより精神的な変調をきたしてしまいます。

まさに、大規模災害からの長引く復興は、人々から健康を奪うだけでなく、生命をも奪い、つまりは「人間」を崩壊させていくことになります。そして、そのことが、復興自体を遅らせるという悪循環を生んでいくのです。

一方、【想定される事態】「これまで築いてきた人間関係が希薄化、喪失する」にもあるとおり、大規模災害からの長引く復興は、「人間」を破壊すると同時に「人間関係」をも破壊していきます。ここで紹介した、仮設住宅で仲良くなった単身の高齢女性２名のうち、１人は災害公営住宅の抽選に当選、もう１人は落選した結果、以来、２人は口を利かなくなり人間関係が割かれたという事例は、そのことを端的に物語っています。

また、この事例は【想定される事態】「復興プロセスにおいて被災者に格差が生じる」において、「格差」という観点から取り上げることもできます。

「格差」についてさらに言えば、格差は、そうした復興プロセスにおいて初めて生まれるものではなく、災害が発生した瞬間から生じているのです。例えば、それまで仲の良かったAさんとBさんのうち、災害によって、Aさんは愛する家族も財産も全て失ったとします。一方、Bさんにはほとんど被害がなかったとしたら、その後、二人の関係はどうなってしまうでしょうか。両者の関係に全くひびが入らない、と言えば、それは嘘になってしまうのではないでしょうか。

災害が発生した瞬間から格差は生じ、長引く復興がそれをさらに助長していくことになるのだと思います。

こうして、「人間関係」が壊れていくのです。

復興事業が進み、いつしか新たな「まち」が生まれ、なりわいや産業が戻ってきたとしても、そのとき、一人ひとりの住民が「幸福」を実感していない限り、真の意味の復興はないのだろうと思います。言い換えれば、「人間」や「人間関係」が壊れていない状態、あるいは、回復している状態が実現していない限り、真の復興はないと言えるのではないでしょうか。

「復興」は文字どおり「復幸」でなければならないのです。

このことについて、引き続き次項で、さらに検討を深めたいと思います。

2　地域コミュニティの再生

【想定される事態】「被災者生活が長期化する」にあるとおり、高齢者や障がい者の要介護度の悪化という事例を取り上げたとき、言うまでもなく、この人を介護してくれる十分な社会環境があれば、例えば、高齢者等にとっての重要なライフライン(命綱)である訪問介護員（ホームヘルパー）やガイドヘルパーなどがしっかりと確保されていれば、この人の要介護度は悪化しなくて済んだかもしれませんし、また、たとえ要介護度が悪化したとしても住み慣れた地域で暮らすことができるでしょう。うつ病やアルコール依存症についても、周囲にその人を温かく見守る社会環境があれば、その増加のスピードはずいぶん和らいだことでしょう。震災ストレスに陥った児童生徒のケアについても同様だと思います。

このように「人間」が壊れないようにできるのは、また、「人間」を回復させることができるのは、そうした「社会環境」しかないのではないでしょうか。すなわち、その人を取り巻く「地域コミュニティ」の存在です。それはそのまま、「人間関係」の回復にも当てはまります。

しかし、これに対しては、「そんなことは当たり前だ。」という反論が聞こえてきそうです。

近年、そうした「地域コミュニティ」の重要性については、防災・減災の分野に限らず、犯罪防止、青少年の健全育成など、あらゆる分野で声高に言われています。したがって、上述の反論者からはさらに、「そうは言っても、地域コミュニティの形成が容易でないからこそ、それが重要だと言われているのではないか。そして、平時からそうした社会環境をしっかり整えることができてさえいれば、復興プロセスにおける『人間』と『人間関係』の回復、といった問題に対しても、一定の解答が得られたことになるのではないか」と言われそうです。

確かに、この意見は一面正しいですし、本県としても、このことを重視しており、それについては、第5章において後述することとします。

しかしながら、これまで繰り返し述べてきたように、たとえ平時からしっかりと地域コミュニティを築いていたとしても、大規模災害は、それを無残に破壊してしまうのです。【想定される事態】「これまで築いてきた人間関係が希薄化、喪失する」でも触れましたが、地域コミュニティが破壊されてしまうと、住民はバラバラになり、被災前の住宅から避難所へ、そして仮設住宅へ、その後さらに災害公営住宅へと、転々と移り住むたびに、コミュニティの再構築が迫られる、さらに言えば、新たなコミュニティを形成しなければならない、ということになってしまいます。

また、地域コミュニティが破壊されずに残ったとしても、前述のとおり、大規模災害の発生は「人間」と「人間」の間に否応なく格差を生じてしまうでしょう。

そして結局、「人間」と「人間関係」が壊れていってしまうのです。

こうしたことから、「人間」と「人間関係」が破壊されるのを食いとめ、あるいは回復させ、一人ひとりが真の意味の復興を遂げるためには、もとより、平時からの地域コミュニティの形成について重視しながらも、それが破壊された後、いかにして円滑に「地域コミュニティの再生」を図るか、そのことがより重要であろうと考えます。

本項で言う「地域コミュニティの再生」は、次の二つの意味で使っています。ひとつは、幸いにしてコミュニティが残った場合でも、その中で生じた人間関係の亀裂を埋め、また、結び直すことにより、再び健全な状態に戻すこと、という意味です。もうひとつは、コミュニティが破壊され、住民がバラバラとなってしまい、全くゼロの状態から、新たなコミュニティを立ち上げ、形成しなければならなくなったとき、その作業を円滑に進めること、を言います。

こうして、本指針では、復興プロセスにおける「人間」と「人間関係」の回復をめざし、一人ひとりの幸福につながる真の意味の復興（復幸）事業を進めるため、「地域コミュニティの再生」を「復興」の基本理念として掲げることとします。

そして、この基本理念をふまえながら、第4章・第5章において、復興プロセスの中で取り組むべき対策等について具体的に述べることとします。

これが私たちの考え方です。

さらに第5章では「平時からの取組」へと論は展開します。この復興指針はあくまで災害後の復興に向けたマニュアルです。しかし、指針に掲げた事項を円滑に実施するために欠かしてはならない平時からの取組がある、ということは先に述べました。

これに関連して平成二十八年二月六日に三重県津市で開催された「建築文化シンポジウム」の話をしておきたいと思います。

「防災・減災を進めるにあたっての建築家の役割」をテーマとしたパネルディスカッションに、建築家のみなさんに交じって素人の私がパネリストとして招かれていました。

話題が「仮設住宅」に及び、私は「仮設住宅の半恒久化」を提言しました。実はこれは、「防災・減災対策検討会議」での室崎教授の発言を私なりにアレンジしたものでした。

災害救助法上、仮設住宅の供与期間は二年間ですが、この章の冒頭の新聞記事にもあるとおり延長措置が取られているのが実態です。しかし、一概には言えませんが必ずしも長期生活に適した設計となっていない住宅も多く、またそもそも一年一年の延長では満足な人生設計も描けません。そこで、避難所から仮設住宅へ、仮設住宅から災害公営住宅へ、というプロセスの中から仮設住宅を抜いてしまえないかというのが、私が言った「半恒久的」の意味です。

前述した復興指針第4章の《住まいと暮らしの再建》の（2）緊急の住宅確保の項には、「応急仮設住宅の利用長期化を見据えた取組・適切な解消に向けた取組」について記述しており、その中で、岩手県遠野市、釜石市、宮城県気仙沼市の事例を挙げています。参考に遠野市の事例を紹介します。

遠野市では、同市に永住を希望する被災者が多かったことや仮設住宅での生活が長期化していたことから、平成27年度に入り、市内の仮設住宅を市営住宅として整備するための具体的な検討に入った。当初から仮設住宅としての役割を終えた後も建物を有効活用できるよう、再利用が可能な木材パネルを使用しており、建物の基礎部分を補強し、内装や外装に寒冷対策を施せば、市営住宅としての利用が十分可能であったことから、早期整備をめざすこととなった。

パネルディスカッションでの私の提言はこうした現実をふまえたものでした。

テーマが「建築家の役割」でしたから、私は参加している建築家のみなさんに「半恒久的な住宅を早期にしかも安価で建築できる方法を建築のプロであるみなさんに検討していただきたい。そのうえでそれをもとに行政に現行法制度の見直しを要望してもらえないか。こうしたことは平時の今だからこそできること。災害が起こってからでは間に合わないのです」と訴えました。

パネリストの一人、福島県在住の一級建築士辺見美津男さんが私の提言に共感してくれました。私たちは意気投合し、二人の掛け合いでパネルディスカッションは結構盛り上がったように思います。

このケースは、平時からの取組といっても、個別具体的なピンポイントの取組です。「三重県復興指針」の第5章では、もう少しマクロな視点で平時からのものとして三つの取組を挙げています。

そのうち私の発案によるのは、迅速かつ円滑な復興には地域の組織力が必要という観点からの「ちから・いのち・きずなプロジェクト」、そして被災者一人ひとりに寄り添った支援が必要との観点からの「災害ボランティア」が活躍しやすい環境づくりや彼らとの協働、の二つでした。それに対して日沖正人次長が「防災教育」を加えるべきだと主張しました。

そのとおりでした。これからは「防災の日常化」を垂直展開していくことが重要と主張している私が「防災教育」を落としていたのでは話になりません。

こうして第5章には、復興を見据えた平時からの取組として「ちから・いのち・きずなプロジェクト」「災害ボランティア」「防災教育」が掲げられることになりました。

私たちはこれら三つを、防災・減災対策だけでなく復興対策としても非常に重要な取組と位置づけたわけです。

ただしここで読者のみなさんにお断りしておかなければならないのは、そう言いながらも、今みなさんにお読みいただいている本書には、災害ボランティアに関する記述がほとんど出てこない、ということです（「ちから・いのち・きずなプロジェクト」についてはすでに述べましたし、「防災教育」もこのあとに登場します）。それは実は、三重県では災害ボランティアを所管するのは防災対策部ではなく環境生活部であるため、この五年間を振り返ってみても、私たちが災害ボランティアに間接的に関わることはあっても直接的に事業を実施することはなかったからなのです。しかし、私たちは復興期における災害ボランティアの役割は極めて大きいと考えており、この「三重県復興指針」の策定を機に「みえ防災・減災センター」を活用するなどして環境生活部との連携を深め、「災害ボランティア」が活躍しやすい環境づくりや「災害ボランティア」との協働を強力に進めていく必要があると思っています。

さて、こうして完成した「三重県復興指針」は「三重県新地震・津波対策行動計画」、

「三重県新風水害対策行動計画」と並んで間違いなく私たちの自信作となりました。

これも他の二つの計画と同様「防災みえ．ｊｐ」にアップしていますので、ぜひ覗いてやってほしいと思います。

最後に、パネルディスカッションにおいて意気投合した一級建築士の辺見さんから、この「三重県復興指針」に関する嬉しいコメントをメールでいただきましたので、それを紹介してこの項を終えたいと思います。

・すばらしい！
・必要なことがすべて盛り込まれている！
・平時からの取組が大事ということも大いに共感！

2　若い力がつなぐメッセージ

若々しい歌声が響き渡ります。

三重県津市西丸之内の津リージョンプラザお城ホールでの一コマです。

平成二十八年三月五日、東日本大震災の発生から五年を前に、私たちは「東日本大震災五年　復興・交流イベント　若い力がつなぐメッセージ」を開催しました。イベントは三部構成で催されます。まず初めに宮城県多賀城高等学校合唱部と伊勢市立五十鈴中学校合唱部の歌の交歓、続いて大学生や高校生が実践している被災地支援の取組の紹介、そして最後は「支援から交流へ」をテーマにパネルディスカッションです。

このイベントの企画にあたって、私は防災企画・地域支援課の竹村茂也班長たちと何度も議論をしました。議論の中心は、何をするかではなく、何のためにするのか、コンセプトは何か、ということでした。

私は初め「東日本大震災五年イベントと銘打つ以上、我々の支援活動の一環だろう。

だったら、被災地から県内に避難しているみなさんを招いてイベントを実施すべきではないか」と主張しました。しかしあとになって、この考え方が誤りであることに気づきます。なぜなら、避難者のみなさんには様々な思いがあるはずです。震災の話題に触れてほしくない、行政にもっと何かを要求したい、文句を言いたい、などなど。それなのに、片や「三重県復興指針」の中では細やかな対応が必要と言いながら、このイベントについては行政が一方的に「イベントを開催するから来なさい」というのでは全く矛盾した話です。結局それは一人ひとりの気持ちを無視した押し付け以外の何物でもない、と自分自身の思い違いにあらためて私は気づいたのでした。「俺たち県庁防災対策部」の一員になって五年。リーダーとなってからは四年になります。にもかかわらず、私はまだ支援の本当の意味が理解できていなかったようです。

少し脱線しますが、第1章において「災害時の支援は、人的支援、物的支援、被災地からの避難者の受入れの三つに大別される」と言い、このうち「避難者の受入れ」については第6章で述べる、としていましたので、そのことについてここで簡単に触れておきたいと思います。

三重県では、平成二十八年三月三十一日現在、四百三十二名（百四十一世帯）の方々

が避難生活を続けておられます。そんな彼らに三重県は、県営住宅や職員住宅の提供のほか、防災対策部に総合相談窓口を設置するとともに、被災地からの情報発信の支援として、岩手県の「いわて復興だより」、宮城県の「みやぎ復興プレス」や「みやぎ復興定期便」、福島県からの「ふくしまの今が分かる新聞」などをお届けすることにしています。

今後も、避難者のみなさんからのニーズに耳を傾けながら粛々と支援を続けていく、こうした姿勢が大事なのだろうと思います。

復興・交流イベントのコンセプトを考えながら、自分自身の考え方の誤りを反省しつつ、そんな思いを抱いた私でした。

しかし、避難者への支援のあり方はそうだとしても被災地支援そのものの今後のあり方はどうでしょうか。

三重県では今、「支援から交流へ」を合言葉に学校防災交流や自然体験交流などを実施しています。それは先ほどの私の反省にもあるとおり、支援は上から目線の「支援してやるぞ」であってはいけない、押し付けや押し売りではいけない、という考え方から生まれた三重県の新たな方向性です。支援する側もされる側も同じ土俵の上に立って復興をめざそう、という考えです。

だったら次に、その「交流」の今後のあり方は？

そう考えると、一口に支援といってもなかなか容易ではないように思えてきます。

さてここで、イベントのコンセプトは何かという議論の場面へと戻ることにします。

竹村班長たちも試行錯誤を繰り返していましたが、その結果彼らが導き出した答えは「若い力」でした。

私はこれもいい答えだと思いました。「これも」というのは、日沖次長が「三重県復興指針における平時からの取組の一つに『防災教育』を加えるべき」と提案したのと同じく、という意味です。

私が県議会で答弁した「防災の日常化」の垂直展開というのは私自身のかねてからの持論でした。私が講演する際には、「防災・減災対策検討会議」の河田教授が語る「子どもはすぐに大人になる。大人はすぐに親になる」というフレーズを何度か拝借したこともあります。それほど私は、防災・減災対策に「若い力」は欠かせないと考えていました。その私がこのときは何度も職員に教えられた気がしました。逆にいえば、「防災教育」や「若い力」の重要性がいつしか知らず知らずのうちに職員の中に私以上に浸透していたと言えるのかもしれません。

こうしてコンセプトは「若い力」に決まりました。

竹村班長は宮城県多賀城高等学校合唱部との出演交渉のために東北へと旅立ちました。

それではここで再度脱線して「防災教育」や「若い力」についてお話したいと思います。

平成二十三年度に策定した「三重県緊急地震対策行動計画」の中に、三重県教育委員会は「子ども防災ノート（仮称）による防災教育の促進」を行動項目として掲げました。そしてその翌年度、これをふまえて「防災ノート」を作成し、現行の第三版では、小学生（低学年）版、小学生（高学年）版、中学生版、高校生版の四種類の「防災ノート」ができています。しかも、日本語版の他、ポルトガル語版、スペイン語版、中国語版、タガログ語版、ビザイヤ語版も揃っています。冊子は十四ページの本冊とワークシートから成り、災害の種類や特徴、自らの命を守るための方法などが書かれていて、学校現場でも家庭においても活用できる内容となっています。そして三重県教育委員会は、これを小学校・中学校・高等学校・特別支援学校に在籍する全ての児童生徒に配布しています。

しかし、限られた授業時間内でこの「防災ノート」をいかに有効に活用するか、また、家庭において家族とともに学習するにはどのようなサポートが必要か、地域の防災活動と連携を取っていくにはどのような手立てがあるかなど、まだまだ検討すべき課題は多いと思います。

このため「みえ防災・減災センター」を活用して防災対策部と教育委員会とが議論を重ね、一つの策として、「防災ノート」にQRコードを付け、それを通して防災関係の動画などが見られるようにするなど、親と子が自然な形で防災の話題に入れるような状況を創り出すことを考えました。これは第5章で紹介した「バーベキューを通して家族防災会議を」という発想に似ているのかもしれません。特に小学生などの小さな子どもには、いかにして防災に興味を抱かせるか、それがカギなのです。

この「防災ノート」は無論子どもたちの命を守るために作られたものです。特に小学生など小さな子どもにとってはそうです。しかし、中学生、高校生の「防災教育」となると、それだけが目的ではありません。

東日本大震災のとき岩手県釜石市では小中学生のほとんどが津波から逃れることができたことから、これが「釜石の奇跡」として有名になりました。釜石東中学校の校庭にいたサッカー部の中学生が「逃げるぞ」と言って逃げ出したのが引き金になり、

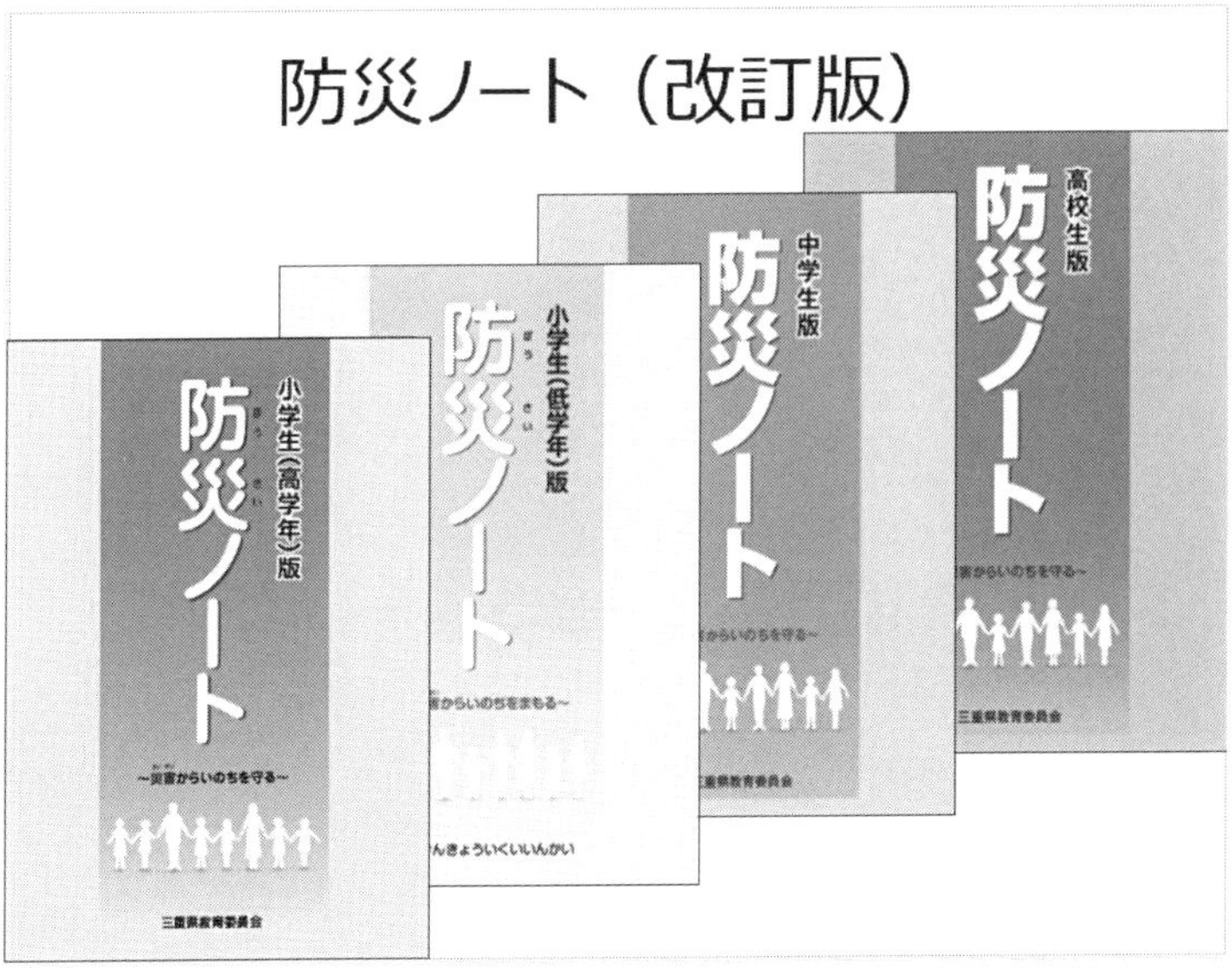

小学生（低学年）版、小学生（高学年）版、中学生版、高校生版の4種類の「防災ノート」

他の生徒も小学生も大人たちも避難することができました。しかも中学生は小学生の手を引いて逃げたのです。

あれは群馬大学大学院の片田敏孝教授による長年の防災教育の大きな成果でした。たしかにあの中学生たちは防災教育を受けていましたから、「教えられていた」のは間違いありません。しかしあの日は、大人たちが彼らから教えられたのです。そして命を救われたのです。

「防災教育」という言葉は、子どもは常に受け身の存在、との印象を与えがちですが、決してそうではなく、彼らはむしろ主役なのです。ですから私たちは「防災教育」という言葉を使う一方で、彼らが主役、という意味を込めて「若い力」という言葉を使うようにしています。

勘違いしないでください。私は「彼らは主役だから防災教育は不要」などと言っているわけではありません。防災教育は絶対必要です。学校現場、家庭、地域、あらゆる機会を活用して子どもたちに防災教育をするのは大人の責務だと思います。「意識」より「知識」、と私に言った人がいました。同感です。防災意識の低下を憂えるよりも、あきらめずに繰り返し繰り返し教え続ければいいのだと思います。そのことは以前にも言いました。

でもそれだけではない、一方的に教える教えられるの関係ではない、と私は言いたいのです。

子どもたちは脇役ではなく主役です。私たちが思う以上に、彼らはしっかりと考え、しっかりと行動します。

そのことを私たちは三月五日の復興・交流イベントにおいて痛感させられることになりました。

宮城県多賀城高等学校合唱部の歌声が観客席を魅了していました。女子生徒十六名、男子生徒三名のわずか十九名の高校生が私たちを圧倒していました。校歌に始まり、「生きてこそ」「わせねでや」「１０００年の木」「感謝カンゲキ雨嵐」と彼らは歌い続けます。「わせねでや」とは「忘れないで」の意味。この歌を聞いたときは特に胸が熱くなりました。

歌の力は凄いと感じました。私たちがどんなことを語るよりも説得力がありました。それにもまして凄かったのは、歌と歌の合間に入れる彼らの語りでした。パワーポイントを使って、彼らが実践している防災・減災の取組を私たちに披露してくれました。

宮城県多賀城高等学校は、平成二十八年度から「災害科学科」が新設されるほど防災・減災の取組に熱心な高校です。それだけに生徒たちの発表内容も半端ではありませんでした。平成二十七年度の取組だけでも、通学防災マップ作成、多賀城市内津波波高表示設置の他、防災講和、特別授業、ワークショップなど「どうやったら、これだけのことができるの？」と言いたくなるほど、歌ばかりかこの発表内容にも私たちは圧倒されました。

津波波高表示設置活動に際し彼らが多賀城市内の各自治会長に趣旨を説明して協力を求めたところ、「震災・津波のことは思い出したくないが、高校生の活動なら応援する」と言ってもらったとのこと。こうしたことにも、大人を動かす「若い力」の凄さを思い知らされました。

宮城県多賀城高等学校合唱部の歌に続き、三重県の伊勢市立五十鈴中学校合唱部による感謝の合唱があり、第一部は終了しました。第二部の被災地支援の取組の紹介を経てパネルディスカッションとなるのですが、子どもたちの歌声で盛り上がったこの雰囲気を私たちがかき消してしまうのではないかと不安で、私はかつてこれほど緊張した登壇を経験したことはありませんでした。

そしてパネルディスカッションの最後に一言「防災の大切さを親から子へ子から孫へと伝えていってほしい。そのことをあなたたちに託したい」と私は結びました。

「東日本大震災5年 復興・交流イベント」で歌う宮城県多賀城高等学校合唱部の生徒たち

宮城県多賀城高等学校の生徒による防災・減災の取組の紹介

その後、宮城県の村井知事からのビデオメッセージがあり、会場のみなさんと「花は咲く」を合唱して、この復興・交流イベントは閉幕となりました。

翌日、宮城県多賀城高等学校の生徒たちは竹村班長と担当の西口智也主査の案内で伊勢市内を見物したあと東北へと帰っていきました。

この日の思い出を生徒の一人、今野結唯さんが自校のホームページに綴っていますので紹介します。


私たちは合唱を通して被災地の思いを届け、人と人との心をつなげるために宮城から三重に行きました。その中で私は三重県の方たちと交流し、身の引き締まる思いがしました。それは、東日本大震災のことを忘れず、被災した人たちを思って涙を流してくれる人々がいることを知ったからです。新幹線や電車を乗り継いで6時間かかる遠い場所で、私たちが想像していなかった人と人との繋がりがあり、三重県の方たちは宮城県の私たちにとても温かく真剣に向き合ってくださいました。

これからも今回のイベントテーマにもあるように、中学生や高校生のような若者が震災のことを忘れないようにメッセージをつないでいかなければなりません。これから被災地に住む私たちは〝支援〟という形で何かを与えられるばかりではなく、日々の生活の中でさまざまなことに全力で取り組むことで、支えてくださった方々に勇気や希望を返すことができる存在になれたらと感じました。


会場に来ていた、津市内にあるセントヨゼフ女子学園の生徒がテレビのインタビューにこんな風に答えていました。

「観光に行ったり、その土地の魅力を見るだけでも支援になるということを初めて知りました。それだったら簡単にできるな、と思いました」

この生徒の言葉に私が求めていた「支援のあり方」や「交流のあり方」に対する答えがありました。

私たちは肩肘張らずに、いつまでも東北を忘れず、東北を語り続ければいいのです。第1章でも「東北を忘れないことが被災地への最大の支援」と述べましたが、やはりそうなのです。そして東北へ行けばいいのです。それが支援であり交流なのです。


イベントが終了し、私は心の中で誰にともなく呼びかけました。

「今を生きる子どもたち、あなたたちは『希望』です。防災・減災対策も復興対策も、全てあなたたちに託します。『俺たち県庁防災対策部』はあなたたちにしっかりとバトンを手渡したいと思います。そのために、もう少しだけ頑張ります」

三重県庁を去った私は、この思いを後輩たちにしっかりと引き継いできたつもりです。

補章

伊勢志摩サミット

1　防災・危機対策委員会

伊勢志摩サミットの話題は本書の構成や流れから見るとどうしても異質に思えます。だからといって、サミット関連の業務が防災対策部と私自身に及ぼした影響は決して少なくなかっただけに何も触れないというのも不自然な気がします。

一方、私自身、サミット準備期間十一か月のうちの九か月間、サミットの防災・危機対策にどっぷりと浸かっていながら、肝心のサミット本番（平成二十八年五月二十六日・二十七日）二か月前の三月三十一日に定年を迎え、後輩にあとを託して三重県庁を去ることになりました。

それだけに伊勢志摩サミットを語るのも語らないのも、どちらも妙な気がしてなりません。

そんな複雑な思いから、ここでは伊勢志摩サミットの防災・危機対策委員会が行う業務の詳細を語るのではなく、伊勢志摩サミット開催が決定してから三月三十一日まで「俺たち県庁防災対策部」を率いてきた私がどんな思いで何をしてきたか、そうした観点から少しばかり語ってみようと思います。

合わせて、自然災害対策の一つとして整備した「ＤＯＮＥＴ（ドゥネット）を活用した津波予測・伝達システム」について、これは今後の三重県の防災・減災対策に強く結び付くものですので、これについては多少紙面を割いてお話したいと思います。

というわけで、これまでの第1章から第6章までとは少し異なる書きぶりになるかもしれませんので、章建てについてもあえて「補章」とすることにしました。


サミットの伊勢志摩開催を安倍晋三内閣総理大臣が表明したのは、平成二十七年六月五日のことでした。

私は開催決定以前から東畑誠一副部長（前任の濱口尚紀副部長はその年の四月に斎宮歴史博物館の館長に転任していました）と日沖正人次長に対して伊勢志摩開催決定を想定した早めの部の体制整備を指示していました。しかし二人ともまだあまり実感が沸かない様子でした。

開催決定が決まった六月五日、早速私は二人に、平成二十年の洞爺湖サミットを経験している北海道庁行きの手配を指示しました。その時点ではまだサミット開催日は決まっていませんでした。本来ならすぐにでも出発したかったのですが、その頃は県議会の真っ最中です。そのため、議会が一段落した六月二十三日と二十四日の両日にかけて、私と東畑副部長、日沖次長、防災対策総務課の阪靖之課長補佐の四名は北海道へ出張することになりました。サミット開催日が五月二十六日・二十七日に決定したのは、ちょうど私たちが北海道に到着した六月二十三日のことでした。

翌二十四日、北海道総務部危機対策局に当時の危機管理監で現在は道庁ＯＢの伊東和紀さんが来てくれました。

話題の中心は危機対策局所管の消防特別警戒の内容でしたが、私は伊東さんの次の話に注目しました。

「サミット推進局は光。危機対策局は影。誰も影の苦労を知りませんし、知ろうともしませんでした。それだけに私たちはストレスがたまりました」

たしかに、サミットを推進するのはサミット推進局、警備は警察、というのが世間の見方だっただろうと思います。何も手を打たなければおそらく三重県も同じことになる、と私は考えました。

もう一つ注目したのは「情報過疎になる」という伊東さんの言葉でした。サミットは国の事業ですが、その国からの情報がなかなか入らないために先行きが見えない、ということでした。
北海道から戻ると、私は早速今後の方針を立てることにしました。
私の方針。それは次の四つでした。
（1）北海道庁でのヒアリング結果を鈴木知事に詳細報告すること。
これは当然といえば当然ですが、北海道危機対策局の轍を踏まないためにも、伊勢志摩サミットに防災対策部が大きく関与することを誰よりもまず知事に認識してもらわなければなりません。

「防災対策部がこれほどサミットに関わるとは想像しなかった」というのが知事の感想でした。
（2）伊勢志摩サミット関連での防災対策部の活躍ぶりを機会あるごとにマスコミにアピールすること。
人知れず苦労することほど辛いものはありません。それは職員のモチベーションに大きく影響します。どうせ苦労するなら人に認められたいのが人情です。そこで私は、北海道危機対策局の轍を踏まないためのさらなる一手としてこのことは絶対に必要と考えました。
（3）伊勢志摩サミットに向けた部の新体制が固まるまでは副部長と次長以外の職員

にサミット関連の業務を一切させないこと。

ただでさえ多忙の中、職員に霧の中に迷い込むような仕事をさせたくはありませんでした。それまでは俺がやる。私はその覚悟でした。ただし増員要求のための人事当局との調整は阪補佐に、県内消防本部との調整は濱口正典消防・保安課長にそれぞれ協力してもらいました。
(4) ひとたび部の新体制が固まったのちは全員体制で臨むこと。
本来業務以外の業務で一部職員だけに負荷をかけることは職場全体の不協和音につながる。そうしないために、忙しさは全員で分かち合う。これが私の信念でした。

七月十一日の土曜日、私は、特別な事情のない限り全ての職員に登庁を命じました。サミット情報がほとんど入らない中で不安を抱く職員に私が知る限りの情報を伝えるためと、伊勢志摩サミットに向けた私の覚悟を伝えて職員にもそれを求めるため、でした。

ところがこれに対し職員組合が口を挟んできました。休日に全員出勤を命じるなどとんでもない、というのです。そこで分会長を務める職員に組合が意見を求めたところ、彼は「なぜ、それがいけないのですか」と淡々と返したといいます。

この一言で事態は落着しました。組合はもう何も口出ししませんでした。

三月二十九日の防災対策部の送別会で別の職員が私に言いました。「あの日部長が説明してくれたおかげで、伊勢志摩サミットに向けて何をすればよいのかがよくわかりました。それまでは何も見えていませんでした。部長の意気込みもわかりました。あれは本当によかったと思っています」。

こうして七月十四日、部局長で構成された伊勢志摩サミット推進本部の下に「防災・危機対策委員会（委員長：防災対策部長）」が設置されました。さらにその下に次の三つの会議体を置き、私たちはこれらを母体にサミット関連業務を推進することに決めたのでした。

（1）消防特別警戒連絡協議会

これは北海道に倣って立ち上げた組織で、防災対策部と県内十五の全ての消防本部で構成されます。ここで総務省消防庁と調整しながら予防・警防計画を策定し、各種訓練を経て、伊勢志摩サミット本番に臨むことになります。

事務局は消防・保安課に置くこととしました。

（2）防災・危機対策関係機関連絡会議

北海道庁で聞いた「情報過疎」の話が気になっていました。そこで、県と自衛隊、海上保安庁、警察、消防そして地元志摩市との連絡会議を立ち上げ、月一回のペースで会議を開催して情報共有を図ることにしました。

事務局は災害対策課に置きました。救助機関との連絡調整にはこの課が最適との判断からでした。

（3）県・市町災害対策会議

伊東さんの話によれば洞爺湖サミットでは自然災害対策という発想はなかったとのことですので、これは三重県独自の体制ということになります。伊勢志摩は地震・津波の襲来が懸念される地域ですから何もせずに放っておくわけにはいきません。たとえ平素から様々な対策を講じているにせよ、それで十分か否かも含めて検証する必要がありました。そこで県と関係市町（志摩市、伊勢市、鳥羽市、南伊勢町）とで協議のうえ追加対策を講ずることにしたのです。

事務局には、餅は餅屋の防災企画・地域支援課を充てることにしました。

その後、八月一日付けでようやく防災対策部に二名の増員が決まり、残る職員を部内でやりくりして、消防・保安課の下にサミット対策班が設置されることになりまし

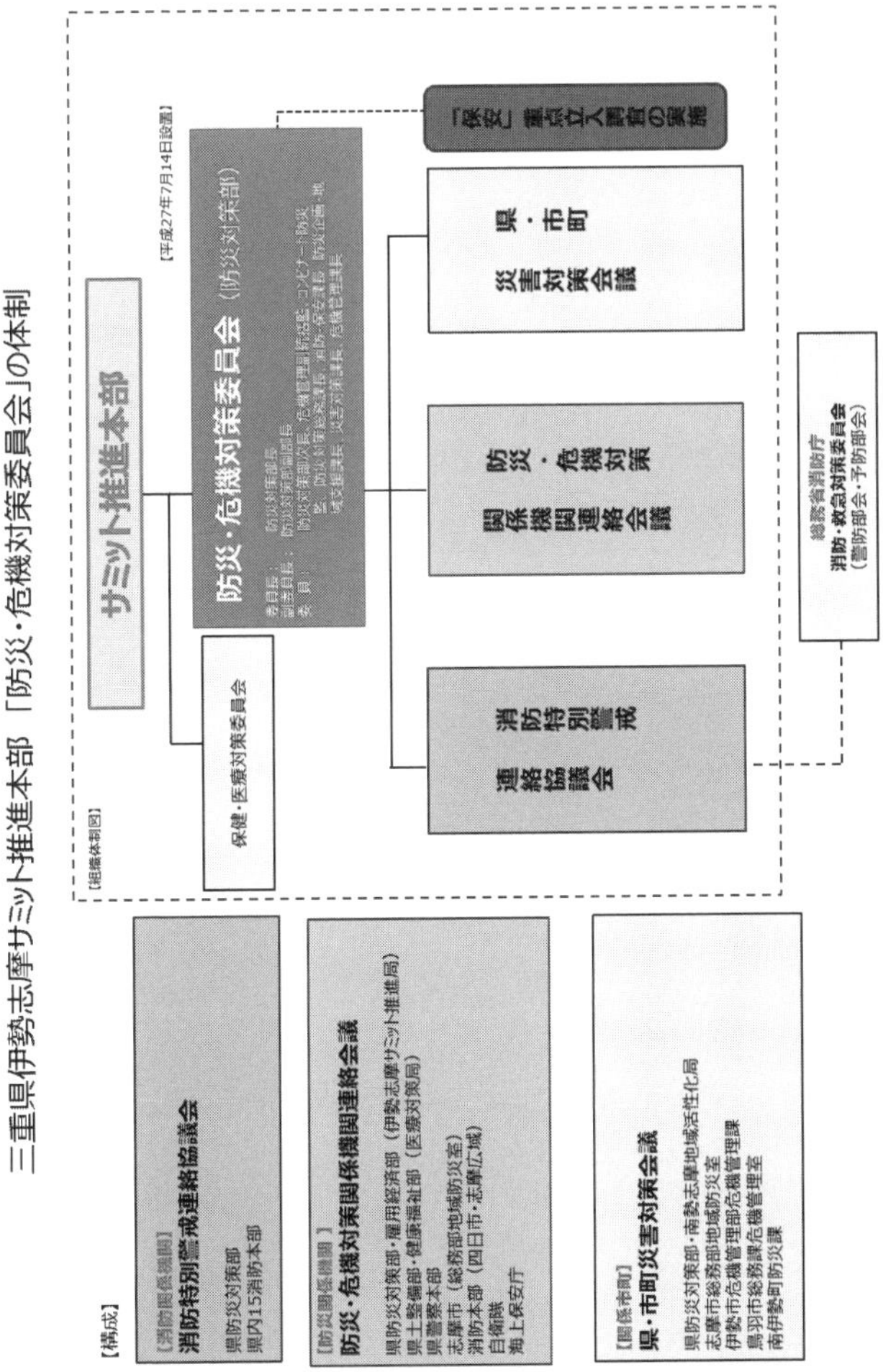

「防災・危機対策委員会」の体制図

た（中瀬元浩班長、小倉丈実主査、薮谷純一主査、小林隆幸技師の四名体制。その後、四日市市消防本部から川村陽司主査が加わり五名体制となります）。

ここに至るまでの私は、決して大仰な表現ではなく、寝ても覚めても伊勢志摩サミット対策のことばかりを考えていました。第6章に、「三重県復興指針」に関する私と職員の議論が夏までほとんどなかったように読める記述があったと思いますが、その主な原因は伊勢志摩サミットでした。その間、七月には台風第十一号も襲来して、本当に散々でした。

しかし、防災・危機対策委員会が立ち上がり、サミット対策班ができて、三つの会議体の初回会合で部長としての挨拶をすませたのちは、職員に全てをまかせ、毎週月曜日の部内打合せで進捗状況を確認するというやり方で準備を進めていくことにしました。

その後の私自身の出番としては県外消防本部への協力要請が残っていました。

消防特別警戒体制を県内の消防力だけで整備することは到底できません。そこで洞爺湖サミットに倣って県外に応援を求めることとし、消防長を直接訪ねて協力要請をすることにしたのです。十一月の東京消防庁を皮切りに、一月から二月にかけて集中的に県外の三十四の消防本部を回りました。これはかなりハードな仕事でした。

東京消防庁訪問

名古屋市消防局訪問

平成二十七年六月五日に伊勢志摩サミット開催が決定して以来九か月、私と職員たちは無我夢中で走ってきました。私は最終コーナーを曲がったところでリタイヤせざるを得ませんでしたが、職員たちにはあともう一息、しっかりと走り抜いてほしいと願っています。

2　DONETを活用した津波予測・伝達システム

伊勢志摩サミットを契機にこのシステムを整備できたことは、防災企画・地域支援課の若林直樹課長補佐が放った大ヒットだったと私は思っています。

それでは、そもそもDONET（ドゥネット）とは何か、から話を始め、システム整備の経緯と今後の方向性について話をしたいと思います。

DONETとは、地震・津波を常時観測監視するため国立研究開発法人海洋研究開発機構（JAMSTEC＝ジャムステック）が整備したネットワークシステムのことで、熊野灘沖東南海震源域の海底に敷設されたDONET1と潮岬沖から室戸岬沖の南海震源域の海底に敷設されたDONET2があります。このうちDONET1には二十箇所の観測点があり、各観測点には地震計や水圧計などの観測装置が設置され、あらゆるタイプの海底の動きを捉えることが可能となっていて、こうして捉えた情報を海底ケーブルを通じてリアルタイムに地上に送信できるようになっています。

このＤＯＮＥＴ１の陸上局が三重県尾鷲市古江町にあることから、私たちは以前からＪＡＭＳＴＥＣと交流がありました。開発者の金田義行プロジェクトリーダー（名古屋大学特任教授）とは特に懇意にしていました。

そして平成二十六年度、「みえ防災・減災センター」にＤＯＮＥＴ研究会を立ち上げ、ＪＡＭＳＴＥＣの参画も得てＤＯＮＥＴの活用について検討を重ねてきました。

私たちは「三重県新地震・津波対策行動計画」に「海底地震観測網を活用した情報の確保」という行動項目を掲げ、平成二十七年度中に基本構想をまとめることを目標としていました。その基本的な考え方は、第一期として尾鷲市と連携しながら東紀州地域にシステムを整備することでした。それは、予想される津波到達時間が極めて短いこの地域に優先的に整備し、一分でも一秒でも早く津波の襲来を捉えることで住民のみなさんの迅速な避難につなげたい、何とかして住民のみなさんの命を守りたい、との思いからでした。そして第二期として伊勢志摩地域への展開を図りたいと考えていました。しかし全てのネックは予算でした。具体的な詰めもその時点では未だ不十分の状態でしたが、詰めができたとしても、厳しい財政事情のもとでどこまで整備が可能か皆目見当がつきません。しかし私は、当たって砕けろの心境で平成二十八年度当初予算に計上していくつもりで腹を固めていました。

「DONETを活用した津波予測・伝達システム」の仕組み

そうした中、若林補佐が「サミット開催が決定したら、サミット対策を理由に伊勢志摩を先行させて平成二十七年度補正予算に計上してはどうか」と言い出したのです。私は面白いアイデアだと思いました。しかしそうなると、猛スピードで構想をまとめなければなりません。それが果たして可能かということと、そもそもＪＡＭＳＴＥＣがそのような短期決戦に対応できるのかということ、その二点が引っ掛かりました。伊勢志摩サミットの開催決定を受けて再度議論し直したところ、若林補佐は「やる」と言い、ＪＡＭＳＴＥＣも「できる」と言います。それに対して「始めたら後戻りはできない」と釘を刺したうえで、私は認めることにしました。

それからが大変でした。

やはり短期決戦ゆえか、私には、私に示される資料の見通しが甘く不確定要素も多すぎるように見えました。

「こんなものが知事に挙げられるか。財政課だって認めやしない」

「でも、現時点では仕方がありません」

「仕方がないと俺には言えても、知事には言えんぞ。財政課にも一蹴されるだけだ」

こうしたやりとりの挙げ句、私は何度も資料を突き返しました。

新たな問題も生じました。技術屋がいないと言うのです。若林補佐は事務屋であって技術屋ではありません。技術屋としては防災対策総務課情報通信班の長井新主査が担当する、と私は聞いていました。

「長井君は？」

「彼はプラットフォームで手一杯です」

たしかに長井主査は、第3章で紹介した三重県防災情報プラットフォームの整備が佳境に入っていて、二足のわらじが無理だということは私にも理解できました。

「だけど、そんなことは最初からわかっていたことじゃないのか」

こんな風にこのシステム整備の過程では私はよく職員を叱りました。やはりかなり無理があったのかもしれないと思いました。しかし、最初に釘を刺したとおり今さら後戻りはできません。

若林補佐もJAMSTECとの協議を必死になって続けていました。

私は東畑副部長や日沖次長と相談のうえ、消防・保安課消防班の鈴木久紀主幹を部長室に呼びました。消防救急デジタル無線を担当している彼は情報分野に強い、と聞いていました。事情を説明すると鈴木主幹は「やる」と言います。ウルトラCで、全く畑違いの課の職員を担当に据えることになりました。

事務は若林補佐、技術は鈴木主幹という体制ができ、構想もかなりのスピードで固まっていきました。加えて予算面においてもＪＡＭＳＴＥＣの全面協力により大いに助けられました。

こうして着々と整備は進みました。

ここで肝心の「ＤＯＮＥＴを活用した津波予測・伝達システム」の機能について説明しておかなければなりません。

システムの機能は大きく二つです。

一つは、緊急速報メールの発信です。これにより、ＤＯＮＥＴの観測情報に基づく緊急速報メールを指定地域の住民等に送信することができ、いち早く津波の観測を伝えて高台への避難を促すだけでなく、第二波、第三波の津波に備えて避難を継続するよう伝えることができます。なお、このメール文は、外国人観光客等にも伝わるよう日本語と英語を併記することにしています。

東日本大震災で見られた、一度津波に襲われたあと、危険とわかっていても自宅に家族を探しに戻ったり貴重品を取りに行ったりして第二波以降の津波の被害に遭い命を落とすというような悲劇を防ぐために、このシステムは有効と考えています。

もう一つは津波予測機能です。

この機能は、あらかじめ指定した予測地点において、事前に南海トラフ地震による津波シミュレーションを行ってデータベース化し、DONETの観測情報に応じて、津波到達時間や津波の高さ、浸水予測などの情報をモニターに表示させるというものです。

この機能のメリットは、特に夜間などの地震が発生した場合で現地の情報収集が困難なときに地震の規模に応じた津波被害の規模をある程度予測できるというところにあります。この予測機能を用いることで、夜間であっても大まかな被害予測を行い、どの地域の被害が深刻かを推測して、自衛隊の派遣要請などの事前対策を講じることができるのです。

そして平成二十八年三月二十九日、鈴木知事を災害対策室に招き、津波予測機能のデモを実施しました。知事は「すばらしい」とのコメントを残して部屋を出て行きました。

職員は私に叱られながらも本当によくやったと思います。若林補佐の放った大ヒットが鈴木主幹という新たなパートナーからの援護射撃を受けて得点につながったと言えるのかもしれません。

今後は四月十二日に伊勢志摩地域で実施予定の「緊急速報メールの発信試験」と、それに合わせて行われる「津波避難訓練」を経て、伊勢志摩サミット本番を迎えることになります。

実は、この本の原稿を書いている最中に、この四月十二日の発信試験が行われ、その模様がテレビのニュース番組で放映されました。この日のことが気になって事前にニュース番組を録画しておいた私は、あとになってそれを見ることができました。

メールを確認して避難する住民の様子とともに、災害対策室でモニターを見つめる鈴木主幹の姿があり、インタビューでは上村防災企画・地域支援課長が滔々と説明していました（若林補佐はこの春の人事で交通政策課に異動になっていました）。

テレビ画面を見ていて私は何だか嬉しくなりました。

このシステムは伊勢志摩サミットの安全・安心のために整備したものに違いありませんが、そのためだけのものではありません。むしろこれからが重要です。伊勢志摩地域を訪れる観光客の安全・安心のため、ひいてはそこに住む住民のみなさんの安全・安心のために改良を重ねるとともに、このシステムを活用して災害対策活動の充実強化を図っていかなければなりません。伊勢志摩サミットは整備のためのきっかけにすぎなかったのです。

そして当初の構想どおり、今後は東紀州地域へと展開していくことになります。ただし、それについては私の出番はありません。後輩に全てを託していくだけです。

老兵は死なず、消え去るのみです。

あとがき

私が三重県庁を去った翌日の四月一日午前十一時三十九分、三重県南東沖を震源とするマグニチュード6・1の地震が発生し、和歌山県古座川町で最大震度4の揺れを観測、三重県においても津市、熊野市、紀北町で震度3が観測されました。震源が南海トラフ地震の想定震源域内にあったことから、巨大地震の引き金かと心配した人も多かったようですが、気象庁は「直接的には大地震を誘発することはないと思う」としています。

地震発生からしばらくして「俺たち県庁防災対策部」の職員数名から私のスマホに「部長がいなくなった途端にこれかと、とても驚きました」という内容のメールが届きました。防災対策部は新年度早々てんやわんやだったようです。でも、その後は幸い余震もなく一安心でした。

ところが、四月十四日午後九時二十六分、九州において、熊本県熊本地方を震源とするマグニチュード6・5の地震が発生しました。熊本県益城町では震度7が観測され、この震度7の揺れというのは東日本大震災以来のことでした。

四月十六日の深夜一時二十五分にも同じく熊本地方を震源とするマグニチュード7・3の地震が発生し、気象庁はこれを「本震」、十四日の地震を「前震」と位置づけました。

その後も余震が続発したばかりか激しい大雨が被災地のみなさんの労苦に追い打ちをかけました。

腹立たしいほど、自然は弱い者いじめをします。

「前震」以降の一連の地震（熊本地震）による死者は四十九名、行方不明者は一名で、今なお大勢のみなさんが過酷な避難生活を強いられています。その中には「車中避難」をされている方も多く見られ、その結果、「エコノミークラス症候群」の発症による悲しい犠牲者も出てしまいました。このように、せっかく助かった命が失われてしまう、いわゆる「災害関連死」と思われる死者は二十名に及んでいます。

自然が弱い者いじめをするなら、それに負けないように人間が人間を助けるしかありません。

被災地に向けて全国から多くの人的支援・物的支援の手が差し伸べられることにな

りました。三重県からも四月十八日、緊急物資輸送車とともに防災対策部の職員を中心とする四名の先遣隊が県庁を出発しました。先遣隊は「三重県復興指針」を携行していました。その後、全国知事会からの支援要請を受けて、三重県からは五月二十日までの間、一班五名体制で計六班三十名の職員が熊本県南阿蘇村へ派遣されることになりました。そして現在も全国からの職員派遣は続いています。

また被災地では多数の災害ボランティアが活躍しており、その中には「恩返し」と言って参加された東北からの支援者もみえるということです。

自然に負けないためには、こうして人と人とが「助け合うっきゃない」のだと思います。

ところで、この熊本地震は典型的な「活断層型地震」だと言われています。東日本大震災も南海トラフ地震も「海溝型地震」ですが、実は日本には、知られているだけでも二千以上の活断層が存在しており、しかもそれらは三重県を含む中部地方に多く集中しています。

本書で紹介した三重県の地震被害想定調査においても、理論上最大クラスの南海トラフ地震と過去最大クラスの南海トラフ地震の被害想定調査だけでなく、主要活断層による地震の被害想定調査も実施しており、その概要は「三重県新地震・津波対策行動計画」にも掲載していますので、「防災みえ．ｊｐ」でご覧ください。

「海溝型地震」といい「活断層型地震」といい、地震という観点からみれば、日本という国には安全な場所はどこにもないと言っても過言ではないと思います。五月十六日にも茨城県南部で震度5弱を観測する地震が発生しています。六月十日に国の地震調査研究推進本部が発表した「全国地震動予測地図」においても、三十年以内の地震発生確率がゼロという場所はどこにもありません。

だからといって、私たちは不安に怯える必要はありません。正しく恐れて正しく備えることが大切なのです。その意味において本書が、読者のみなさんが「正しく恐れて正しく備える」ための一助になれば、これほど嬉しいことはありません。

さて、伊勢志摩サミットも、危惧されたテロもなく自然災害も発生せずに安全のうちに閉幕して本当にホッとしました。

華やかな舞台の裏側では、二万三千人の警察官ばかりでなく、県内各地で特別警戒に当たっていた千人の消防職員と県庁五階の災害対策室に泊まり込み、万一の災害発生に備えていた「俺たち県庁防災対策部」の職員がいたことを読者のみなさんにはぜひ知っておいていただきたいと思います。

そして誤解を恐れずにあえて言うならば、私の思いとしては、サミットの成功以上に、携わった私の後輩たちが心身の故障もなく全員無事でいてくれたことの方が遥かに喜ばしいことでした。

その後輩たちに、この場を借りて一言断っておきたいことがあります。

「俺たち県庁防災対策部」は本書で扱った仕事以外にもたくさんの仕事をしています。四日市コンビナートを抱える三重県ではコンビナート防災対策は非常に重要な業務です。さらにコンビナート事業所以外についても、高圧ガス、液化石油ガス、火薬類等の事業所の安全確保といった業務があります。

医療対策局と連携して救急救命活動向上事業という事業も実施しています。

平成二十七年度は「三重県復興指針」だけでなく「三重県業務継続計画（ＢＣＰ）」や「災害時の緊急物資等にかかる備蓄・調達の指針」なども策定しました。

危機管理面からは、国民保護の推進も防災対策部の重要な仕事ですし、異例なケースとしては、平成二十五年九月に伊豆大島沖で発生した「第十八栄福丸」衝突海難事故では県庁内に事故対策本部を設置し、私や職員たちは横浜市の第三管区海上保安本部や下田海上保安部にも出かけました。

また防災対策部の地域機関として消防学校があり、そこでは消防職員や消防団等の教育訓練を実施しています。

本来ならこれらの業務を全て取り上げ、全ての職員名を掲載したかったところですが、そうするにはどうしても構成上無理がありました。そのため「俺たち県庁防災対策部」の職員でありながら本書に登場しなかった連中がたくさんいます。でも、あえてあなたたちを外したわけでは決してないので、その旨お断りしておきたいと思います。

みんな、ごめんな！


本書において私は「防災は、覚悟と辛抱強さ」だと言いました。それ以上に「防災は、思いやりとやさしさ」だとも言いました。

どうか読者のみなさんも覚悟をもって辛抱強くあなた自身の防災・減災対策に取り組んでください。そして、思いやりとやさしさをもって東北と九州に温かい眼差しを向けてください。県庁を去った私も私なりの防災・減災対策を続けていくつもりです。

防災・減災対策に終わりはありません。

最後に、私のようなプロの物書きでもない者が書いた本を最後まで読んでくださった読者のみなさんに心から感謝を申し上げます。
ありがとうございました。

そして最後の最後に、もう一言だけ言わせてください。
東北のみなさん、九州のみなさん、辛いでしょうが挫けずに頑張ってください。
あなたは決して独りぼっちではありませんから。

平成二十八年六月十二日
前三重県防災対策部長
稲垣　司

著者

稲垣　司（いながき・つかさ）

昭和30年5月11日生まれ。三重県立津高等学校出身。中央大学法学部卒業後、昭和59年4月に三重県庁入庁。人事委員会事務局人事監、病院事業庁県立病院経営分野総括室長、伊勢県民センター所長、防災危機管理部防災危機管理分野副部長兼総括室長を歴任。平成24年4月より防災対策部部長を務め、平成28年3月に退職した。

企画・編集　株式会社マーブルブックス
デザイン　イエロースパー
イラスト　あゆむ
写真・図・表 提供　三重県防災対策部

やるっきゃない！ 俺たち県庁防災対策部

2016年7月25日　第1刷発行

著　者　稲垣　司
発行人　柳本元晴
印刷・製本　原印刷株式会社
発　行　株式会社マーブルブックス
〒110-0015
東京都台東区東上野5-10-2-202
電話　03-6802-7170
FAX　03-6802-7179
発　売　株式会社メディアパル
〒162-0813
東京都新宿区東五軒町6-21
電話　03-5261-1171
FAX　03-3235-4645
Printed in Japan
ISBN 978-4-8021-3023-3　C0036